未来领袖摇篮
系列丛书

**WEILAI
LINGXIUYAOLAN**

THE MILITARY ACADEMY
AT WEST POINT

卢宏学 | 编著

西点军校
军规制定者

THE MILITARY ACADEMY AT WEST POINT
Military Regulations Maker

U0607653

中国出版集团
现代出版社

图书在版编目(CIP)数据

军规制定者：西点军校 / 卢宏学编著. —北京：现代出版社，2013.2
(2021.8重印)

（未来领袖摇篮）

ISBN 978-7-5143-1387-1

Ⅰ.①军… Ⅱ.①卢… Ⅲ.①西点军校—青年读物②西点
军校—少年读物 Ⅳ.①E712.3-49

中国版本图书馆CIP数据核字(2013)第026839号

编　　著	卢宏学
责任编辑	李　鹏
出版发行	现代出版社
通讯地址	北京市安定门外安华里504号
邮政编码	100011
电　　话	010-64267325 64245264（传真）
网　　址	www.xdcbs.com
电子邮箱	xiandai@cnpitc.com.cn
印　　刷	北京兴星伟业印刷有限公司
开　　本	700mm×1000mm 1/16
印　　张	12
版　　次	2013年2月第1版　2021年8月第3次印刷
书　　号	ISBN 978-7-5143-1387-1
定　　价	32.00元

版权所有，翻印必究；未经许可，不得转载

前 言
QIAN YAN

　　如今已步入不惑之年，记忆中的一些事情好多都已如烟消云散，不过有一个问题始终萦绕心头，我高中毕业的时候，家里的生活非常艰难，父母为什么还让我读完大学呢？这个问题困扰我已经20年了。终于有一天，我明白了，父母想让我换一种生活方式；他们不希望我沿着他们的生活轨迹前行！

　　古人说："行万里路，读万卷书。"这句话实在深刻！对现代人而言，行万里路易，读万卷书难。科技的车轮正以惊人的速度滚滚向前，终日在电脑和千奇百怪的机器前忙碌的现代人，用电线、光缆、轨道和航线把地球变成一个村落，点击鼠标，我们可以在世界的任何一个角落把自己随意粘贴。好多人已经认为读书没什么用！读书是在浪费生命。于是，面对现代文明，缺少了读大学修炼的底蕴。我们频繁遭遇对面相逢不相识的尴尬，不断地积聚那些源自心底的陌生。为此，我们渴望一种深层的理解，渴望一种心灵的历练，以让脚步和心灵能够行得更远。

　　大学有着上千年文化的厚厚沉积，大学有着上千年文明的跌宕起伏，大学有着上千年社会的沧桑巨变，这足以让你惊叹，让你震撼。大学给你的感觉是那样空灵，那样清新，那样恬静。追昔抚今，历史的长廊仿佛就在眼前。生命却耐不住"逝者如斯夫"的侵蚀，大学生活也是必需的人生

经历。大学的魅力,与其耳闻,不如亲见。大学生活可以弥补我们时间的缺失,增值属于我们的光阴;大学可以把智慧集腋成裘,让我们的生命成就高品质的价值。

在任何一个团体中,总有某一个人充当着核心的角色,他的言行能够被团体认可,并指引着团体的某一些决策和行动。我们可以把这种人所具备的人格魅力称为"领袖气质"。环境是一种氛围,一种智慧,一种"隐性课程"。我国古代有"孟母三迁"的故事,说明环境对人才成长的重要性。

在良好的教育环境中,人才更能轻松愉快、自由主动地去发现、思考和探索,从中获得知识经验,在情感、信念、意志、行为和价值观等方面得到潜移默化的熏陶;成长环境有助于显示今天的行动与明天的结果之间存在的永久联系。在这里,曾经出现过无数的政治、经济、军事、文化等各个行业的领军人物。他们用行动证明:最具实力、特点的学府,才能真正缔造别具一格的人才。

本丛书选了最具代表性的世界名校20所。通过对这些名校的概况、教学特点、培养的名人等的介绍,意在深度挖掘人才成功之路上不为人知的细节,同时剖析名校培养人才的根本原因所在,是一部您一定要读的人生枕边书。

尽管我们付出了诸多辛苦,然而由于时间紧迫和能力所限,书稿错讹之处在所难免。敬请各方面的专家学者和广大读者批评指正。我们不胜感激!

编者

2012年11月

目 录

开 篇　大学是未来领袖的摇篮

> 大学,是社会的良心,是天才的渊薮,是文化与思想的栖息地,也是每一个青少年成为未来领袖的摇篮。每所大学都有独特的文化和性格。一所大学能反映一个城市甚至一个国家的精神气质。大学是今天与未来的桥梁,认识一所大学,可以树立一个梦想;树立一个梦想,可以创造一个人生。

领袖是怎样炼成的 ……………………………………………… （3）

大学在青少年成才中的作用 …………………………………… （13）

伟人的性格特点 ………………………………………………… （16）

大学为伟人提供了成才的环境 ………………………………… （19）

第一章　认识西点军校

> 西点军校告诫每一个学员,选择到西点军校来,就选择了服从。西点是一个大熔炉,它要求西点学员在这里重塑一个全新的自我,其目的就是要让每一个学员都能够真正认识自己,从而为日后的成功打下坚实的基础。

第一课　走近西点军校 ………………………………………… （23）

第二课　军事领袖的摇篮 ·· （28）

第三课　西点军校文化 ·· （31）

第四课　优秀的"商学院" ·· （42）

第五课　西点军校名人榜——潘兴 ································ （44）

第二章　军规制定者

　　责任、荣誉、国家——这镌刻于西点军校学员教堂门厅上的几个大字不仅是西点军校的校训、西点人的灵魂，更是美国的国训。这个强大的精神支柱，不仅鼓舞了所有西点的学子，更是激发所有的美国人不断进取、争取更强的精神动力。

第一课　美国人引以为豪的军校 ···································· （57）

第二课　神秘的塞耶体系 ·· （62）

第三课　责任、荣誉与国家 ·· （65）

第四课　西点军校名人榜——格兰特 ································ （69）

第三章　精英教育法则

　　西点军校培养学员坚持理论与实际相结合，他们认为，一个人即使有再高的理论水平，如果不能投身到社会当中，也是没有任何意义的。因此西点一贯主张，在工作中学习，在学习中进步。

第一课　不平凡的历史 ·· （89）

第二课　教学思想和课程设置 ·· （95）

第三课　"兽营"训练法 ·· （99）

第四课　西点军校名人榜——麦克阿瑟 ······························ （108）

第四章 永载史册的西点军校

西点军校有一句名言："合理的要求是训练，不合理的要求是磨炼。"无论是怎么严苛的训练，在西点人眼里都是"勇敢者的游戏"，只有凭借勇气才能克服这些考验。

第一课 为了美国的利益而战 …………………………………… （123）

第二课 钉在历史的耻辱柱上 …………………………………… （128）

第三课 西点军校名人榜——布莱德雷 ………………………… （133）

第四课 争相辉映的西点群星 …………………………………… （140）

第五课 独特的领导风格 ………………………………………… （146）

第六课 西点军校名人榜——艾森豪威尔 ……………………… （156）

后　记 …………………………………………………………… （183）

开 篇 大学是未来领袖的摇篮

  大学,是社会的良心,是天才的渊薮,是文化与思想的栖息地,也是每一个青少年成为未来领袖的摇篮。每所大学都有独特的文化和性格。一所大学能反映一个城市甚至一个国家的精神气质。大学是今天与未来的桥梁,认识一所大学,可以树立一个梦想;树立一个梦想,可以创造一个人生。

领袖是怎样炼成的

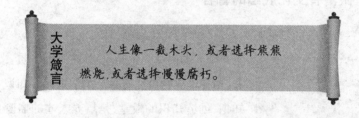

大学箴言　　人生像一截木头，或者选择熊熊燃烧，或者选择慢慢腐朽。

做一个出类拔萃的领袖

要想真正成为一名出类拔萃的领袖,必须在工作、生活各个方面具备过硬的素质。从某种意义上说,领袖必须成为人民的理想楷模。这不仅是指通常所理解的"德",而且也是指同样重要的"智"。一个真正的领袖必须拥有远大的抱负,拥有异于常人的智慧,超常的适应能力,服务大众的态度和引导舆论的能力。

一个好领袖必是一个好的聆听者,并掌握与人沟通、表情达意的技巧。他充满自信,具有很强的分析能力,亦必毅力过人,并能不断自省以求进。英国首相温斯顿·丘吉尔说过:"成功不是终点,失败也并非末日。最重要的是具备勇气,一直前行。"当一个人为实现梦想苦苦追寻的时候,需要这样一种意志和品格。

坚持,是一种信念。无论在国内,还是在国外,要获得最美丽的人生,

要实现自己最大的价值，要能够对社会、对他人有所回报，就要坚持自己的目标和梦想。

坚持，是一种过程。这个世界上，天上掉馅饼的事儿几乎为零，或者没有什么事情是一蹴而就的。在梦想实现之前，需要耐得住寂寞、孤独和暂时的不成功。

坚持，是一种生活方式。学习也好，工作也好，生活也好，都需要用一种坚持的态度去完成。这种生活方式可以磨练自己的意志力。坚持住人生信念，没有什么困难是不可以克服的。

做富有文化底蕴的智者

一个优秀的领袖必然有着深厚的文化底蕴，其实也就是文气。文气是指一个人的内在文化底蕴、外在儒雅气质、文化修养、精神境界的自然显露。大学是保存知识、传播知识、创造知识的殿堂，是培养人才的摇篮，是先进文化的策源地和辐射源。大学领导者作为知识

> **【领袖语录】**
> 读书时不可有己见；读书后不可无己见。

分子的领袖、楷模和标尺，如果自身没有知识、没有文化、没有学问，即没有所谓的"文气"，就不会得到师生的尊重、敬仰和爱戴，就很难引领大学的发展。

修炼文气，须多读书，成为大学者。"腹有诗书气自华"。要养成儒雅的文气，就必须博学多识，不仅学习教育学、心理学、管理学、领导学、经济学等知识，还要多读经典古文、传统诗词、名家名篇，广泛涉猎经济、政治、文化、社会等各方面，学贯中西、通晓古今，努力成为著名学者。纵观做出卓著成绩的校长，他们都是某个学科领域的专家，同时也对人文社会科学知识有深厚的积淀。如北京大学原校长蔡元培是哲学家、美学家，还通晓教育学、心理学、生理学，堪称大学问家。

修炼文气，须多思考，成为思想家。文气的养成是为了提高个人素养，促进工作实践，而思考是学习与行动的桥梁，"学而不思则罔"。思考形成思维，思维产生观念，观念形成思想，思想决定行动。因此，大学领导者必

须学会思考,并多思考。要明了大学的性质,知晓大学的历史,把握大学面对的环境和拥有的资源,把文气的养成与改造思想结合起来,与指导实践结合起来,与解决实际问题结合起来。历史证明,成功的大学领导者,一般都是深邃的思考者。譬如,哈佛大学校长博克曾著《超越象牙塔》,指出现代大学不能回避为社会的进步和国家的利益服务;芝加哥大学校长赫钦斯曾著书《高深学问》,反对功利主义,倡导博雅教育;耶鲁大学校长吉亚麦提曾著《大学和公众利益》,探讨大学的性质和在社会中的作用;加州大学校长克尔曾著《大学的功用》,提出了巨型大学的概念。由于他们对大学有深入的思考,不随波逐流,从而把大学办出了特色,推上了新台阶。

修炼文气,须多谋划,成为谋略家。大学领导者是学校的规划设计者,历史上有卓越成就的大学领导者都是优秀的谋略大师。卡迪夫大学前任校长史密斯爵士曾说过,作为领导者,他必须将四分之三的时间花在思考学校方向和战略上,他认为,"校长就是要将自己的办学战略和价值理念传播出去,让学校所有员工接受,然后选择合适的人去实现这些策略。"中国的大学校长都曾经或正在谋划制定"大学发展战略规划、大学学科和师资队伍建设规划、大学校园发展规划",引领大学的发展和振兴。事实证明,大学

> 【领袖语录】
> 　　所谓年轻的心,就是总有一扇门敞开着,等待未来闯进。

领导者只有经常围绕"建设一个什么样的大学,怎样建设这样的大学"的问题潜心思考,精心谋划,才能认准大学发展的根本方向,不至于随着各种思潮的冲击而左右摇摆。

浩然正气的力量

一个优秀的领袖还必须有正气。孟子曰:"吾善养吾浩然之气。"文天祥说:"天地有正气,杂然赋流形。下则为河岳,上则为日星。于人曰浩然,沛乎塞苍冥。"对大学领导者来说,正气就是不媚俗,能引领社会发展潮流。

　　修炼正气,须不媚俗。大学既要防止"滞后于社会"的弊端,但又不简单地"迎合时尚"。这就要求大学领导者的办学理念和行为方式必须因时而变,成为"对现在和未来都会产生影响的一种力量"。但这种适度而明智的变化不是无原则、无限度的,必须是"根据需求、事实和理想所做的变化"。罗伯特·M·赫钦斯在《学习社会》一书中直言不讳地追问:"大学究竟是为社会服务还是批评社会?是依附于社会还是独立于社会?是一面镜子还是一座灯塔?是迎合眼前的实际需要,还是传播及光大高深文化?"这些都需要我们深思。

　　有几个充分表明大学校长不媚俗的例子:1986年哈佛大学校庆,当时的美国总统里根希望获得哈佛大学名誉博士的称号,但哈佛大学校长德雷克·博克予以拒绝:"里根可以成为美国总统,但他难以获得哈佛的博士学位,因为这是学术称号。"人们称之为"两个President之争"。基辛格从国务卿岗位上卸任并退出政坛后,很想回到哈佛大学工作,但被哈佛大学校长婉言谢绝:"基辛格是个学识渊博的人。如果论私交,我和他的关系也不坏。但我要的是教授,不是不上课的大人物。"1957年北大校长马寅初在最高国务会议上提出他的"新人口论",受到当时权威的批判,但他说:"我决不向专以力压服,不以理说服的那种批判者们投降。"尽管他被迫辞去北京大学校长职务,全国人大常委之职也被罢免,公众的心中却并未消失,马老正直的身影和铿锵之声;历史证明,马寅初不媚俗,不迷信权威,他掌握了真理。

　　修炼正气,须能引领。大学不应脱离社会、孤芳自赏,而应当"与社会保持接触",并"以自己的实力和声望"对科学和重大而紧迫的社会问题、社会现象进行研究,从而对社会可能采取的行动与对策产生影响。赫钦斯说:"大学是一个瞭望塔。"在改革社会中应发挥积极的作用,成为承担公共服务的必不可少的工具,应不惜一切代价加强各种创造性的活动,引领社会前进。普林斯顿大学原校长弗莱克斯纳认为:大学必须经常给予学生一些东西,这些东西并不是社会所想要的(want),而是社会所需要的(needs)。不管社会如何变化,在任何情况下,大学都有对于知识和思想保存的责任,能不断引领社会发展,而不是一味地适应社会。因此,大学领导者应有能力通过引领大学发展来引领社会发展。

底气是做人之本

一个优秀的领袖还必须有底气。底气是做人之根本、根基、根源。底气足,才有真本钱,才有发言权,才有凝聚力和号召力。底气的表现形式就是说话的分量、人格的魅力、个人的影响力,就是群众的归属感、信任感和敬仰感。作为大学领导者,必须要有充足的底气。有了充足的底气,才能确立威信,促进事业的兴旺发达,实现大学的价值。充足的底气需要磨练和积累,需要全身心地培育和修炼。

【领袖语录】

不要把知识与智慧混淆,知识告诉你怎样生存,智慧告诉你如何生活。

修炼底气,须立大志。底气源于理想和信念。理想和信念是大学领导者的基本内在修养。大学最根本的社会功能就是储存、创造和传递人类文明。大学要创造新的人类文明就要为了真理而追求真理。追求真理本身就是目的,因此,它天然地反对功利主义。大学还要负载价值,守望社会精神文明,给人类以极大关怀。因此大学领导者要树立追求真理、献身真理的大志向。要坚信我们所从事的事业是正义的事业,是伟大的事业,责任崇高而神圣,任务光荣而艰巨。

修炼底气,须善实践。能力是底气的表现。大学领导者在专业上要做专家,管理上要做行家,必须勤于实践善于实践。以华中科技大学历任领导者为例,他们都是善于实践的典范。朱九思提出"敢于竞争,善于转化","科研要走在教学的前面",大力加强科学研究;杨叔子坚持"高筑墙,广积人",大力加强师资队伍建设;周济实践"以服务求支持,以贡献求发展",大力发展社会服务等。正是历届领导者励精图治,实践创新,硬是把一所名不见经传的大学建设成了一所国内外知名的大学。由此可见,大学领导者应该是实践者。他不一定是管理学科的专家,但深谙教育管理之道,善于行政管理,精于用人之道,具有解决和处理各类大学矛盾的能力。

他不一定是专门的政治家,但能够把握大学正确的发展方向,提出适合大学长远发展的办学思想与理念,用先进的办学指导思想推进大学的建设、改革与发展。

修炼底气,须敢成功。成功的大学,领导者会更有底气,有底气的领导者会把大学引向更加成功的境地。正是由于哈佛校长艾略特、劳威尔、柯南特、博克等人成功地将哈佛引向了成功,才使哈佛大学更有了底气;也正是哈佛大学的不断成功,才使哈佛大学的校长更有底气,从而进一步引领大学从胜利走向新的胜利。

大气是一种智慧

一个优秀的领袖还必须有大气。大气,就是大气度、大胸怀、大气魄,大爱心。大学应该有大气。江泽民同志在北大百年校庆时讲:"大学,应该是培养和造就高素质的创造性人才的摇篮,应该是认识未知世界、探求客观真理、为人类解决面临的重大课题提供科学依据的前沿,应该是知识创新、推动科学技术成果向现实生产力转化的重要力量,应该是民族优秀文化与世界先进文明成果交流借鉴的桥梁。"完成这一使命,"大学的党委书记和校长,应该成为社会主义政治家、教育家。"因此,大学领导者应该有大气。

修炼大气,须有大视野。大学之大,根本取决于它的两大直接产品:学术和学生,以及铸成这两大产品的模具:学者、学长和学风。因此大学之大,乃在于学术之大、学生之大、学者之大、学长之大、学风之大。大学领导者要有宽广的视野、开放的精神,兼容并蓄,善于从复杂的现象中看到事物运动的基本态势,抓住基本规律,从眼前的利害中超越出来,突破经验的束缚,对社会需求进行全局的、客观的把握,穿透眼前,看到长远。大学发展的历程证明,大学领导者的视野往往决定大学的发展。纽曼的传统大学观把大学看作是"一个居住僧侣的村庄",弗莱克斯纳的现代大学观把大学看作是一个城镇,而克拉克·克尔的多元化巨型大学观则把大学看作是"一座充满无穷变化的城市"。可见领导者的视野决定大学的视野。哈佛大学校长萨默斯以国际视野改革大学教育，强调哈佛新课程改革要给本科生更多的到国外学习的机会。

修炼大气，须有大胸怀。"一个人胸怀有多大，才能做多大的事业。"大学具有天然的包容性：首先是学科包容。大学包容了传统基础学科，还包容了跨学科、边缘学科和应用学科，甚至为那些已经乏人问津的学科以及尚未获得广泛承认的学科与知识领域留有一席之地。其次是学者包容。大学包容各种各样的学者和学生，甚至为个别行为、个性和思想方法奇特的学者创造宽松环境，使他们按自己的习惯从事活动。再次是学术包容，即包容学术上的各种不同见解。因此，大学领导者在办学理念上，要有开放意识和世界眼光，以昂扬的气势迎接各种挑战，以仁厚的情感容纳学生，以宽容的精神对待学术，以谦虚的心灵接纳新知识；要在选用人才上，有"海纳百川"的大气，以开放的胸怀招揽人才，以宽广的眼光选用人才；在具体工作上，要有团结友爱的胸怀、互以对方为重的风格，要搞五湖四海，不搞小圈子，做到坦坦荡荡、光明磊落，容人、容事、容言。如果说大楼、大师是大学的硬件，大气则是软件，软件与硬件同样重

【领袖语录】

气不和时少说话，有言必失；心不顺时莫做事，做事必败。

要。在一定意义上，甚至可以说软件比硬件更重要。1953 年出生的安德鲁·怀尔斯，10 岁时对世界难题费马大定理着了迷，于是立志搞数学。他32 岁成了普林斯顿大学教授后好像突然消失了，学术会议不参加了，论文也没有，有人说他江郎才尽了，有人说应该解聘他，但普林斯顿大学校长不为所动，仍然聘他为教授，表现出了大学的大爱，终于在 9 年后的1994 年，安德鲁·怀尔斯破解了费尔马大定理，轰动世界，也使普林斯顿大学声名远扬。

修炼大气，须有大手笔。有了大手笔，才会有大发展。大手笔，要有大气魄，要有超越、怀疑、批判精神。要超越各种形式的禁锢和守旧观念，挑战各种历史理论和权威，深刻批判与反思，进行前提性追问、主体创造与建构。正是因为洪堡的大手笔才使柏林大学得以振兴，成为研究型大学的

【领袖语录】

　　遭遇鄙视是因为你对别人有威胁，或者有价值，是值得欣慰的。

楷模，从而使大学具有科学研究的职能；正是范海斯的大手笔，提出"威斯康星州的边界就是威斯康星大学的边界"，才使美国大学得以崛起，从而使社会服务成为大学的第三大职能；也正是蔡元培的大手笔改造旧北京大学，才使北京大学焕发出新的青春活力，成为真正意义上的现代大学。大学领导者要有大手笔，就要敢于有所为，有所不为，有所舍弃，敢于砍掉不适合自己学校发展的东西；有所为，有所先为，有所后为，敢于在自己的位置上创新、创造不可替代的业绩。

锐利的士气

　　一个优秀的领袖还必须有锐气。《淮南子·时则训》所说的"锐而不挫"，彰显的是不畏困难和挫折的精锐士气。锐气就是要有一股子劲，始终保持一种向上的进取姿态，保持高昂的工作热情和工作韧劲。锐气就是在成绩面前不忘乎所以，在困难面前不灰心丧气，不断适应新形势，研究新情况，解决新问题，做到"苟日新，又日新，日日新"。有锐气，才能有所作为，有所建树。

　　修炼锐气，须讲批判。大学是知识传递与生产的场所，是新思想的重要发源地。不论是知识的传递与生产，还是真理的探求，都应该建立在大学批判责任基础之上。德国社会学家海因兹·迪特里奇尖锐地指出："今天的大学是一些被阉割了的机构，大学教育脱离大多数人的生活现实，研究质量低下，教育道德沦丧。"作为大学领导者要弘扬大学的批判责任，鼓励和支持大学继续扮演那种绝对真理、社会公正和道德良心守护神的角色。

　　修炼锐气，须讲创新。加拿大阿尔伯塔大学校长罗德里克·德·弗雷泽认为，大学领导者的主要职责有三项：第一，吸引最好的学生到学校读书；第二，吸引最好的教职员工到学校工作；第三，为教职工、学生提供足够的资源，营造积极的氛围，使师生能够有效地学习、创造性地开展学术与科研工作,保证他们发挥最大潜力。大学要做好这些工作,没有具备创新意识和创新能力的领导者是不行的。创新是大学保持生命力的关键所在。历史证明,不满足于现状,勇于改革和创新是优秀大学领导者共同的特征之一。哈佛大学原校长劳威尔说在他任校长的 24 年里,有四大创新:一是设立主攻课和基础课制度,二是设立住宿学院制度,三是设立导师制度,四是设立荣誉学位制度。这些都为哈佛大学的进一步发展奠定了基础。

修炼锐气,须养个性。牛津大学原校长纽曼是一个有个性的校长。他认为:大学是传播普遍性知识的场所。知识本身即目的。教育是理智的训练。大学是为传授知识而设的,"如果大学是为了研究,我不知道大学为什么要那么多学生"。他的个性造就了牛津大学

> 【领袖语录】
>
> 没有人可以打倒你,打倒你的只有你自己。

的辉煌。柏林大学原校长洪堡认为,大学的基本组织原则就是两条:自由和宁静,教师和学生为科学而共处,自由地进行各种学术上的探讨。他的个性使柏林大学很快崛起。威斯康星大学原校长范海斯认为,大学的基本

任务是把学生培养成有知识、能工作的公民；进行科学研究，发展创造新文化、新知识；传播知识，把知识传授给广大民众，使他们能够运用知识解决经济、生产、生活、政治等方面的问题。这种理念引领大学走出了古典大学的围墙，使大学获得了新的生命。曾经被毛泽东评价为"学界泰斗，人世楷模"的蔡元培，不仅提出了"囊括大典、网罗众家，思想自由、兼容并包"的著名办学方针，铸就了"北大精神"，更重要的是，他具有"外和内介、守正不阿，勇于任事、敢于负责，宽容大度、民主平等，严于律己、廉洁奉公"的个性，改造北大，铸就了北大的辉煌。

领袖素质　　远大的理想。纵观历史中的领袖都有远大的抱负，所谓吞吐天地之志。拥有这样的理想才能塑造其人格魅力。人们追随他，绝不仅仅因为他长得帅，而是因为他能带给人们希望，给人们一个远大而美好的憧憬。

大学在青少年成才中的作用

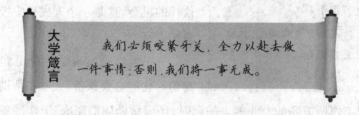

大学
箴言

我们必须咬紧牙关，全力以赴去做一件事情；否则，我们将一事无成。

做一个知书达礼的人

大学可以让我们自我发展与完善，大学不仅能帮助学生"读书明理"，更能帮助学生提升修养、品质、智慧。大学教育对于年轻人形成人生观、社会价值观，对于发现和理解生命的意义和人的社会价值有极大的作用。大学是人们的精神家园。

青少年作为明日的社会精英，在大学期间除了读好本科课程外，亦应把握所有机会与同窗多交流，多沟通，以培养人际沟通技巧，学习聆听，也多表达意见。这些同侪间的互动、不断的切磋砥砺，对于培养个人自信心、提高分析和自省能力都有莫大裨益。

大学在现代已经逐渐发展成高等教育系统，由各种类型的高校组成，不同类型的高校的社会职能与社会定位、人才培养目标、对学生的要求、教育教学模式各不相同。就读不同的高校通常与不同的职业生

涯发展有着较为密切的联系。选择大学,应当是个人对大学意义与价值和自身发展设想充分认识基础上的理性判断。从一般意义上讲,今天的大学至少能为学习者提供以下服务。

——大学是探究未知世界的场所。具有好奇心的年轻人与致力于探究未知世界的教师结成共同体,大家志同道合,在满足好奇中推动人的发展和社会发展。这样的职能是其他社会机构无法替代的。

——大学是年轻人交往的地方。大学把四面八方、有着各种文化背景、生活体验与经历的学生汇集起来,让年轻人相互交往并且相互学习,为每一个学习者提供发现不同的交往伙伴的机会。这是一个人成长中极为宝贵的财富。

【领袖语录】

信仰比知识更难动摇;热爱比尊重更难变易;仇恨比厌恶更加持久。

——大学是实现学生身份到工作身份转化的必要预备。大学在帮助学生形成工作所需要的专业能力的同时,还应帮助他们完成"工作准备",形成个人就业的"配置能力"(个人在就业市场上发现机会、自我判断、抓住机会实现就业的能力)。大学对学生在心理、文化、人际交往、专业等方面的训练,正是为了能有这样的"配置能力"。这是推动学生转型为"职业人"的社会化过程。

——大学帮助年轻人获得安身立命的专业能力。高等教育往往决定多数人终身的专业方向和职业领域,它帮助学生形成专业化的劳动能力,在今天这样分工高度专业化的社会,专业教育具有关键作用。

做适应社会需要的人

现代大学将越来越难以提供人们曾经期待的那种"社会地位配置"作用,而"回归"教育机构的本质。所以,大学生要认真把握大学能提供什么和自己需要什么,在大学里努力提升综合素质和专业能力,给自己的未来加注尽可能多的"能源"。

随着世界格局的变化,特别是东西方阵营的瓦解和各国发展模式的调整。原有政治主导或经济主导的状况相应改变。大学的普及成为影响青少年发展的重要因素,也引起青少年组织与社团的高度重视。大学为青少年学习提供动力的同时,为青少年组织与社团开展各种服务、活动、教育提供了机遇。

领袖素质

　　超常的适应能力。领袖的路并不一定是一帆风顺的。有前呼后拥的壮观场面,也有独自一人的低谷阶段。能够适应时局的起落变化,不被挫折打倒,不被胜利冲昏头脑是领袖的生存之道。

伟人的性格特点

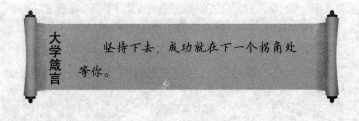

大学箴言　　坚持下去，成功就在下一个拐角处等你。

非智力因素的作用

现代心理学研究表明，一个人的非智力因素(性格是其中一个重要方面)在一个人的成才中占有十分重要的作用。一个人具有优良而成熟的性格就能最大限度地发挥自己的精神力量，并能与环境中的他人建立和谐良好的关系。一个人的性格还是其自身品德、世界观的具体标志，是其精神面貌的综合反映和集中体现。

有人对享有盛誉、成就卓著的领导人的性格进行了研究，发现他们共同的性格特征是：实际、客观、求善、创新、坦诚、结交、爱生命、重荣誉、能包容、富有幽默感、悦己信人。这些性格特征是他们造福于人类的信仰的体现，对支持他们始终如一地为实现信仰而奋斗起了重大作用。

美国心理学家台尔曼对150名事业有成人士进行研究，发现性格因素与他们的成功有着密切关系。他们往往具有以下共同性格特征：第一，为取得成功的坚持力;第二,善于积累成果;第三,自信心强;第四,不自卑。考克斯对1450年至1850年400年间所出现的301位伟人进行研究,发现他们都有以下优秀性格特征:自信、坚强、进取、百折不挠等。

在社会实践中,对不同职业者还有不同的职业性格要求。例如,做医生要有严谨、认真、细心、安定的性格;做企业家要有独立、进取、坚强、开放、灵敏等性格;而作为军人就要有勇敢、坚强、果断、自制、机智等性格。不具备相应的职业性格特征的人,往往难称其职。

在日常生活和人际交往中,热情、真诚、友善的人受欢迎,生活也幸福;冷漠、虚伪、孤僻、不负责任的人受冷落,生活也多有不幸。

信念的作用

信念,是一种心理因素。信念领导力是战胜挫折、赢得机遇的前提,也是切实的方法。自信的人首先忠诚于自己的信念,这种信念融入你的言行、举止,让你的举手投足都在辅助你的语言所表达的信息,因而让人们相信你的能力和人格。作为一个领导者,信念坚定是战胜工作中的困难,力排干扰,把握时局,打开局面,果断决策和树立领导威望的一个重要的心理优势。

有了信念,才能以最佳心态开展工作、履行职责;有了信念,才能以饱满热情开创事业、完成使命。运动员在赛场比赛,要争得第一,争得一流,不可没有信念;求职者在人才市场应聘,要技压群芳,求得赏识,不可没有信念。一名领导干部,无论是作竞职演讲,还是就职表态,必须保持良好的心理素质和精神状态,以坚定的口气、热情的态度、积极的表现来赢得上级和群众的支持。

自信是一种认识和态度

自信是一种认识和态度,也通过人的风格来表现。美国形象设计大师鲍尔说:"成功男人的风格反映在外表,而优雅来自内在,它是你的自信及对自己的满意,它通过你的外表、举止、微笑展示。"自信并不一定是天生

具有的,它可以通过后天的培养而产生。如果你在生活中认真观察,你会发现这种自信是有感染力的。

　　心理学家发现,外向的性格和信念是吸引和保持朋友的重要原因。由于自信,朋友和同事愿意跟随着你,上司也会对自信的人高看一眼。因为你具有自信的气势,让别人相信你能把任何事都变成现实。然而信念却不一定需要用语言来表达,它通过你的神态、语气、姿势、仪态等等,无声无息地、由里向外地散发着魅力。

领袖素质　　服务大众的态度。领袖并不一定要用暴力主宰一切,事实上暴力统治一般不能长久。长久的领导艺术需要懂得如何服务大众,满足大众。

大学为伟人提供了成才的环境

> **大学箴言**
>
> 所谓人才,就是你交给他一件事情,他做成了;你再交给他一件事情,他又做成了。

环境对人的心理和行为具有普遍制约作用。系统论认为,环境是第一个在系统周围能够广泛产生作用的场所和条件。人的心理机能是对环境的长期适应的结果,人的心理和行为取决于当前的刺激、个性特征、整个环境及特征。同时,环境与人的心理和行为是相互作用的,这种关系不仅表现在人类生存的自然环境与人的心理与行为的相互作用, 也表现在社会环境与人的心理和行为的相互作用,环境对人的心理、行为产生普遍的制约作用,人的心理、行为又导致环境的改变。

心理学家考夫卡在其《格式塔心理学原理》一书中提出环境分为现实的地理环境与个人意想中的行为环境, 他认为行为产生于行为环境,受行为环境的调节。另一位心理学家勒温在《拓扑心理学原理》一书中提出

动力场理论,该理论中的生活空间是指人的行为,也就是人和环境的交互作用。勒温所指的环境是指心理环境,是与人的需求相结合在人脑中实际发生影响的环境,由于人的需求的作用,使生活空间产生了动力,勒温称为引力或斥力。由于生活空间具有的动力,人的行为就沿着引力的方向向心理对象移动。

大学为伟人们提供了一个"宽松"与"紧张"适度平衡的环境。大学的环境往往会创造出一种特有的氛围。耶鲁大学模仿英国牛津大学和剑桥大学的模式,从 20 世纪 30 年代开始实行的"住宿学院"制沿袭至今,每个"住宿学院"有 300 ~ 500 名本科生,男女比例对等,配有院长和学监各 1 名。12 个"住宿学院"拥有自己的餐厅、客厅、庭院、图书馆、娱乐室等。学校希冀借此使其学生所受的教育不仅仅局限于课堂知识,而且注重在起居社交时学到做人的道理,并从中获得终身的友谊。

列别捷夫曾说,"平静的湖面,炼不出精悍的水手;安逸的环境,造不出时代的伟人。"在这个高等教育良莠不齐的时代,一所真正的一流大学所能为国家和民族乃至整个社会做出的贡献是不可估量的。

领袖素质　　　　引导舆论的能力。不得不承认,所有的领袖都要有非常好的口才。他必须时刻掌握舆论导向,让思想意识统一在自己的领导方向上。在管理学中,领袖是人际角色中的一类,有着激励和指导团队成员的责任。

第一章　认识西点军校

　　西点军校告诫每一个学员，选择到西点军校来，就选择了服从。西点是一个大熔炉，它要求西点学员在这里重塑一个全新的自我，其目的就是要让每一个学员都能够真正认识自己，从而为日后的成功打下坚实的基础。

第一课　走近西点军校

西点名言

进入"西点"，是一种荣誉，更是一种挑战。

西点军校简介

美国军事学院（The United States Military Academy），常被称为西点军校。它是美国第一所军事学校，位于纽约州西点（哈德逊河西岸），距离纽约市约80公里。学校占地9712千亩（约6500公顷）。它曾与英国桑赫斯特皇家军事学院、俄罗斯伏龙芝军事学院以及法国圣西尔军校并称世界"四大军校"。

西点军校沿革

乔治·华盛顿选中西点为堡垒建筑点，因为这是一个对于整个美洲都很重要的战略地点，西点在哈得孙河"S"弯之中，占据之人可以控制所有河运。1778年，萨丢斯·科什乌兹科设计了堡垒的外形。美国独立之后，华盛顿想在此建立一所全国军校，但是他的国务卿托玛

【西点军校揭秘】

　　1964年，林登·约翰逊总统签署法律，从2529名学生增加到4417名（现已降至4000名）。1976年，西点军校第一次招收女生。1810年和1816年，西点军校没有毕业生。

斯·杰弗逊争辩说，宪法之内没有给总统创立军校的权力。杰弗逊上任总统之后，在1802年3月16日签署了法律，建立联邦西点陆军军官学校，同年7月4日西点军校开学（即成立）。

　　1817年至1833年，上校西尔维纳斯·萨耶尔担任校长。他将土木工程设置为学校主要课程，这个期间的毕业生修建了美国大部分最初的铁路线、桥梁、港口和公路。南北战争之后，美国开始建立其他工科学校，西点军校的课程开始扩展到土木工程之外的领域。

　　第一次世界大战后，校长道格拉斯·麦克阿瑟进一步增加学术课程。按照现代战争体能的要求，他推进了体育健身和运动科目。"每一个军校学生都是运动员"成为一个重要目标。同时，军校学生传统的荣誉系统，成为校方正式规则。

　　20世纪中，西点军校课程结构继续扩展和改变，现在学生可以在十几个领域中选课，除以前的工科外，各类理科和文科都具备。

西点军校位置

　　西点军校所在的西点镇曾是美国独立战争中 个重要的军事要塞。据研究西点军校历史的斯蒂温·格罗夫博士介绍，西点历来是兵家必争之地。这主要是哈得孙河在流经西点时呈"S"状，且弯度很急，过往的大型船舶经此必须减速，来犯敌船则因减速而易受攻击。更主要的是河西岸

的高地具有居高临下的控制作用,如果在此设立军事要塞,颇有"一夫当关,万夫莫开"之势。

当时的大陆军司令乔治·华盛顿将军认为西点是美国最具战略价值的一块阵地,是"打开美国的一把钥匙"。有鉴于此,华盛顿在1778年邀请波兰人、曾参加过美国独立战争中扭转战局的萨拉托加战役的英雄萨丢斯·科什乌兹科上校来协助设计西点军事要塞。经过一番勘察,科什乌兹科在此建立了大小14个据点,控制河道和防御水陆两栖进攻。各据点彼此呼应,相互支援,形成一个合理有效的防御体系。英军若乘船来犯,则无异于自投罗网。即便在今天,其设计思路仍被认为具有现代意识。为了纪念这位波兰人,1828年西点军校还为其塑像。

如今,这位波兰人依然目光炯炯地俯视着那逶迤而去的哈得孙河。而华盛顿本人也曾在1779年把他的司令部搬至西点。实际上,西点要塞自1778年1月20日屯兵以来,是美国一直在使用的军事设施,它也是西点军校的一个重要组成部分。

学校设施

西点军校占地1.6万多英亩。校园依山傍水,绿树成荫,风景优美。西点军校内的广场、道路、建筑物都是以美国历史上著名军事将领的名字命名的,如华盛顿大楼、塞耶大楼、格兰特大楼、艾森豪威尔大楼和雷兹广场等。

塞耶大楼内的计算机中心,是美国一流的计算机教学设施。学员营房、教室、实验室和各教学系办公室也都安装有计算机终端设备和微型计算机。

教学区中心的西点军校图

书馆，是美国第一个军队图书馆和第一个联邦图书馆。图书馆现有藏书60多万册，还拥有视听资料，包括近8600盘唱片、电视录像带、语言材料、文字、古典音乐和流行音乐磁带。

西点军校体育设施种类齐全，设备完善。它拥有两座大型综合体育场、一幢体育大楼和数个室内外游泳池、室外篮球场、排球场、足球场、网球场、橄榄球场、曲棍球场、滑雪场、十八孔高尔夫球场和保龄球场。

入学条件

1802年3月16日，美国第三任总统、当年《独立宣言》的主要起草人——托马斯·杰弗逊签署国会法令，宣告在西点成立"联邦陆军军官学校"。但是，被尊称为"西点军校之父"的却是自1817年至1833年期间任校长的西尔维纳斯·萨耶尔上校。因为正是他在任期间提高了西点的学术水准，严明了军事纪律，以及强调行为诚实正直。他还倡导了萨耶尔教学法，即由通晓专业知识的教官进行小班授课，学员和教官每天对课程进行讨论，这一方法至今还在西点军校被广泛采用。

200多年来，西点军校已由当年成立时仅有1800英亩的面积、第一期仅有两名学员毕业的小学校，成长为如今占地16000英亩、每年有900多名男女学员毕业的名校和众多美国青年人向往的地方。如今，这所名校的任务是教育、训练和激励学员，使每一位学员成为恪守"职责、荣誉、国家"价值观、"品德高尚"的现役军官；把学员培养成以美国陆军军官作为职业发展和终身为国家服务的优秀军事人才。据此，西点有着自己严格的入学条件和标准。据西点军校招生官员介绍，西点招生对象必须是年龄为17—22岁的未婚高中毕业生或具有同等学力的士兵，身高1.68～1.98米，经政府高官（如副总统或国会议员或陆军部高官）推荐、考试和体检后择优录取。考试范围包括学业能力倾向测

【首任校长】
西点军校是美国建立最早的军事院校，首任校长由美国著名政治家和科学家本杰明·富兰克林的外孙乔纳森·威廉姆斯担任。

验、体育等。西点的学制为四年,课程分为文科、理科、工程、军事科学和体育等,每年暑期(6—8月)进行野外军训。但西点军校副教务长肯·格瑞斯博士补充说,"9·11"恐怖袭击事件发生后,学校适时增设和调整了部分专业和课程,其中包括反恐怖主义、反网络恐怖主义、冲突解决、信息保障、国际法、法律制度比较、国际安全研究、核工程和化学工程等,同时引进了有关国际法和伊斯兰法律方面的专家和南亚问题专家。

西点军校从1976年开始招收女学员,现在整个学员队的人数为4000名,每年的7月1日约有1200名新学员入学。学员在校的主要制服颜色为灰色,这是早在1816年就确定了的,因此,学员队又有"灰色长队"之称。学员毕业后被授予理科学士和陆军少尉军衔,一般至少需服现役五年。

西点军校小百科

西点人认为,"任何事情只要你认为是正确的,事前切勿顾虑过多,最重要的是,拿出勇气全力冲过去。过分谨慎,反而成不了大事。"

拿破仑·希尔发现,他访问过的成功人士都有个共同的特征,即在他们成功之前都遭遇过非常大的险阻。表面上看来,事情是应该罢手了,放弃算了,殊不知此时仅仅差一步就能到达终点了。

第二课　军事领袖的摇篮

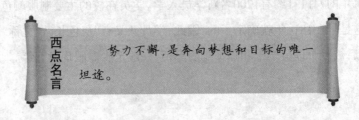

西点名言

努力不懈，是奔向梦想和目标的唯一坦途。

西点军校号称"美国将军的摇篮"，许多美军名将如格兰特、罗伯特·李、艾森豪威尔、巴顿、麦克阿瑟等均是该校毕业生。这些名人在校期间的许多逸事至今还被西点人所津津乐道。

美国内战时，约400名南北双方的将领是从西点军校毕业的。其中最有名的是统帅北方军的尤利塞斯·格兰特将军和领军南方部队的罗伯特·李将军。这两位西点校友因名为其主而成为战场上的对手。结果，格兰特技高一筹，最终迫使李将军俯首称臣。

【血胆将军巴顿】

第二次世界大战名将巴顿将军也是西点军校毕业生，并以作风严厉、作战勇猛、善于捕捉战机扩大战果而被誉为"血胆将军"。

巴顿在校的学习成绩却令人不敢恭维，因为他是花了五年时间才从西点毕业，比同期学员多出了一年。一次，一位记者追问其原因，巴顿俏皮地回答说，他学习期间没有找到学校的图书馆。对此，西点人则以自己的幽默来回答和纪念这位1909年的毕业生。1950年，他们在校图书馆对面立了一尊头戴钢盔、身着戎装、手持望远镜的巴顿将军塑像。寓意幽

28

默:不是找不到图书馆吗?现在让你手持望远镜,天天站在图书馆对面,这下总可以找到了吧!

而五星上将麦克阿瑟据说是在母亲的陪伴下度过四年西点生涯的。当年,麦克阿瑟的母亲把麦克阿瑟送到西点军校后,自己也在学员宿舍对面的西点旅馆里安营扎寨了。她每天早上伴着起床号起来看儿子出早操,晚上直到儿子宿舍的灯光熄灭才休息,整整陪读了四年。而麦克阿瑟则时常在夜深人静之时悄悄地溜到母亲的住处打打牙祭。真是可怜天下父母心!

> **【校长麦克阿瑟】**
>
> 麦克阿瑟后来于1919年至1922年出任西点校长,任职期间加大了体育课占全部课程的比例达15%。

总统

德怀特·艾森豪威尔,美国第三十四任总统(1953年1月20日—1957年1月20日,1957年1月20日~1961年1月20日),1890年10月14日出生,1915年毕业于西点军校,陆军五星上将。(艾森豪威尔为了竞选美国总统,后来放弃了五星上将军衔,因为美国宪法规定现役军人不得竞选总统。)

尤利塞斯·辛普森·格兰特,1822年4月27日出生,1843年毕业于西点军校,1846年至1848年参加了美墨战争,1864年被任命为联邦军总司令。内战结束后,成为美军历史上第一位上将,军衔高于华盛顿。1867年至1868年担任临时陆军部长。1869年至1877年先后担任两届美国总统。

将军

小乔治·史密斯·巴顿,1885年11月11日出生,1909年毕业于西点。

美国空军之父亨利·哈利·阿诺德,1886年6月25日出生,1907年毕业于西点。

> **【毕业生扫描】**
>
> 尤里西斯·辛普森·格兰特
>
> 威廉·特库赛·谢尔曼
>
> 托马斯·杰克逊,绰号"石墙"杰克逊

诺曼·施瓦茨科普夫,1934年8月22日出生,1957年毕业于西点。

南军总司令罗伯特·爱德华·李,1807年1月19日出生,1829年毕业于西点。1852年曾出任西点军校校长。

一战远征军司令约翰·约瑟夫·潘兴,1860年9月13日出生,美国特级上将,1886年毕业于西点,1897年至1898年任教于西点。

西点军校小百科

　　人生从来就没有真正的绝境,不服输的人才有希望。如果你始终在绝望的边缘徘徊,请别放弃,再为自己加一加油,也许就是这最后的临门一脚为你创造了奇迹。西点的录用标准是极其苛刻的,其淘汰机制更加严格。毫不夸张地说,考入西点与考入美国的一流大学一样难。在1999年美国公布的全国大学录取率统计中,西点军校的录取率为11%,与哈佛大学、耶鲁大学、哥伦比亚大学等常春藤高校一起,被列为美国最难考的大学。

第三课　西点军校文化

西点名言

勤于动脑、敢于创新的人，才能争取的主动。

自1898年西点军校把"职责、荣誉、国家"正式定为校训以来，西点军校特别重视对学员品德的培养。他们反复强调，西点仅仅培养领导人才是不够的，必须是"品德高尚"的领导人才。为此，学员从进校的第一天起，就被灌输西点的基本价值观，即正直诚实和尊敬他人的尊严。《学员荣誉准则》明确规定，"学员不得撒谎、欺骗和行窃，也不得容忍他人有上述行为"。至于尊敬他人，西点告诫每位学员，如果自己想得到别人的尊敬，就必须以同样的尊敬和尊严对待别人。

在西点军校的巴克纳尔训练营，高年级学员对低年级学员进行野外科目训练。这是西点的传统，目的是培养学员的领导才能。在障碍训练场上，每当低年级学员因未掌握好动作要领而出现失误时，得到的不是批评、责骂或不屑一顾的嘲笑，而是激励的掌声和诸如"加油！你一定能行"的鼓励声。低年级学员在这种气氛下，不仅完成

【西点揭秘】

　　西点军校公关部主任詹姆斯·威利中校举例说，学员在撰写论文时，如果不在脚注中对一些被引用的观点和文字加以说明的话，一经查出，轻者要被严厉批评，重者则被勒令退学。

了动作,更主要的是增强了自信心。这也是西点野外训练的主要目的之一。

西点军校校史

这所几乎和美国历史一样悠久的著名军校,建成200多年来,一直被称为美国陆军军官的摇篮。它培育了一代又一代名将和军事人才,其中有3700多人成为将军,二人成为美国总统(格兰特和艾森豪威尔)。据1993年统计,美国陆军中有超过40%的将军是西点军校的毕业生。从南北战争到海湾战争,西点毕业生都创下了辉煌的业绩。翻开美国的军事史,没有哪一页没有留下西点毕业生的伟业。可以毫不夸张地说,凡是有美国参与的战争,就一定有西点军校毕业生的身影。

美国内战的60次重大战役中,西点毕业生指挥的战役就有55次,北方军队总司令格兰特和南方军队总司令李将军同为西

点军校毕业生。在第一次世界大战中，美国远征军总司令约翰·J·潘兴将军（美国第一位五星上将），以及参战的38个军、师指挥官中的34个指挥官，都是西点毕业生。在第二次世界大战中，西点军校毕业生的名望可谓达到巅峰。北非的沙漠、西西里的群山、欧洲的平原、太平洋的荒岛……处处都可见西点生在战场上叱咤风云，涌现出了一大批像艾森豪威尔（战时任欧洲美军兼盟军总司令）、巴顿（第三集团军司令）、布莱德雷（第一集团军司令）、阿诺德（陆军航空兵司令）、史迪威（中印缅战区总司令）等高级将领。这些西点军校骄子在战场上打得轴心国部队闻风丧胆，为世界反法西斯战争的胜利立下了赫赫战功。二战后，克拉克、李奇微被困朝鲜战场，威斯特摩兰陷入越南战争不能自拔。这不能不说给西点的辉煌增添了一点暗淡"色彩"。20世纪90年代，当烽烟又在中东的荒漠升起时，驻海湾美军总司令施瓦茨科普夫将军又重新树立了西点军校的名声。

在气势磅礴的哈得孙河西岸，从纽约州北部向南，穿过哈得孙峡谷，当咆哮的激流奔入纽约湾时，河水受一块伸向河中的三角形岩石坡阻挡，突然折而向东，形成一个S状的急弯。这块被称为西点的近50平方公里的岩石坡上，就坐落着闻名于世的西点军校。

1802年7月4日，美国独立纪念日这一天，美国历史上的第一所军校——西点军校宣告成立。首批学员10人，其中包括后来被称为"西点之父"的西尔

【毕业生扫描】

1946年秋季，受英国首相丘吉尔表彰的最杰出的30名美国将军中，有21名是西点军校的毕业生。

【历史起源】

说起西点军校的历史，就不能不追溯到美国的独立战争。在那次战争中，贯穿南北的贸易、交通、军事大动脉——哈得孙河，成为当时美国和英国殖民者掌握战争主动权的控制焦点，而地势险要的西点自然成了美军防御的战略要地。为了阻止英国军舰进犯，美军在此设防，用铁链封锁河面，并给英军以重创。

【西点的由来】

独立战争胜利后,战争的经验教训使以开国元勋华盛顿为首的一批领导人和政治家意识到,必须建立一所军事院校,以培养为战争这门艺术服务的职业军官和军事技术人才。华盛顿强调:"创办这所学校是美国发展的头等大事。"

韦纳斯·塞耶上校。他于1817年至1833年任西点军校校长。

塞耶学习了拿破仑的军事教育思想,研究了欧洲著名警察富歇的军事训练方法,吸取了法国梅兹军校的办学经验,并在此基础上对西点进行了全面的卓有成效的整顿和改革,明确了军校的办学方针和原则,建立了完整的教学体制,创建了学员的纪律养成主要靠自我约束的"荣誉制度",从而奠定了西点军校在美国历史上的特殊地位。

第一次世界大战后,1903届毕业学员道格拉斯·麦克阿瑟出任西点校长。他提出了"应着眼于不断变化的世界,着眼于复杂的未来,着眼于军事技术和装备的不断现代化"的原则,大大开阔了美国军事教育事业的视野,使美国军事教育实践开始由面向国内问题转向世界性问题,把传统的西点军校带进了现代化的20世纪。

"我们需要的是战场上的狮子,要知道由一头狮子带领的一群羊将战胜一只羊带领的一群狮子。"麦克阿瑟曾这样评价西点的培养目标。

公开招考合格人才,是西点办学的原则之一。该校每年招生约1400人。凡报考该校的青年,必须是美国公民(除盟军学员外),年龄在17—22岁,身高1.68~1.98米,不论种族、肤色、宗教信仰和性别。但事实上,西点长期坚持收录男性公民;自1976年7月初起,按总统法令规定,才开始招收女学员。首批为119名,90年代已增至800余人,占学员总数的六分之一。报考学员必须在高中学习成绩名列本班前茅,身体健康,具有一定的组织领导才能,在参加考试的前一年还必须得到美国总统、副总统、参议员、众议员、州长、市长或部队主管的推荐。获得正式报考资格的青年,还必须参加并通过国家

【西点揭秘】

西点军校从成立第一天开始就把培养第一流的军官作为办校宗旨,从学员的入学选拔开始就严加要求。

统一组织的大学入学考试。然后,各军种学员入学资格评审委员会从德、智、体等方面全面衡量,择优录取。

被录取者首先应具有强健的体质,能参加有关项目的体育比赛。经过西点教育,学员应达到大学的学历水平。学员应有所专长和业余爱好。每个学员在考人西点前

【西点揭秘】
　　西点军校学员自入校之日起,就要进行严格的检验与筛选,实行优化与淘汰制。这一切是从1843年起就由国会以法律的形式明确下来的,从而保证了学员的高质量。

都要做好被淘汰的思想准备和相应的保证。其父母也应充分保证做好工作,不留后患。实际上,第一学年新生淘汰率为23%,最终能学完四年毕业的学员占入学总人数的70%左右。从录取到毕业,学校的管理都是法制化的,铁面无私。

西点军校校徽

校徽的含义:西点军校直到1898年才有了自己的校徽,它是由教师委员会设计的。

主要图案是:象征着美国武装力量的盾牌。盾牌上有象征着智慧与知识的古希腊智慧女神雅典娜的头盔。头盔下面有一柄象征着军事职业的希腊短剑。头盔与短剑表示西点军校的军事与教育职能。盾牌顶端,绘有一只张开翅膀的美国之鹰,鹰爪紧握13支利箭和橄榄枝,象征着战争与和平。鹰右边的饰带上,刻有西点校训——责任、荣誉、国家。鹰左边的饰带上,刻有西点1802美国陆军军官学校。

毕业墙

在西点军校的历史上,第四十六

期有这样的故事：在第四十六期学员毕业的前一天晚上，四十六期的学员执行离校前的最后一次水上巡逻任务，因为是最后一次巡逻，学员们没有认真地驾驶，导致巡逻艇撞上了海面上的油轮。因为是深夜，没人注意到这件事。当时所有西点军校的学员都很着急，此时要想活命就只能爬上油轮高达4.2米的甲板。在艇上没有任何攀岩工具，学员们靠着搭人梯的方法爬上了甲板。

后来学员们把事件经过报告学校，西点军校也受此启发，在学校的训练场上搭起了高达4.2米的墙，每一期学院以60人为单位必须在15分钟内全部爬上高墙才能获得毕业证书，后来这面墙有了"毕业墙"的称号。

西点课程

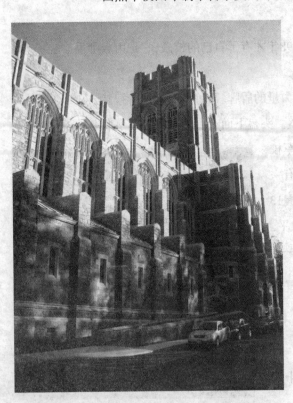

西点军校四年制本科学员的课程共40门，其中30门为必修课程，主要有数学、工程、英语、历史、社会科学、心理学与国家安全课题。10门选修课包括基础科学、应用科学、工程学、人文学、国家安全事务与公共事务等。各学科还分细目。教学中，西点重视采用新技术辅助教学，使军校的课堂教学达到优秀的高水平，尤其在教学技术方面实现了电教一体化。

学生感言

刚刚看过《西点军校》这本书，体会很深。让我们先来引用书中一位西点军校学生的自述：

刚进军校不久，西点就给我

上了一课，对我日后的领导生涯起到了至关重要的作用。军校的学生都是预备军官，因此学年之间等级非常分明，一年级新生被称为"庶民"，在学校里地位最低，平时基本上是学长们的杂役和跑腿儿。不过，我没什么好抱怨的，一年级结束后我就可以做学长，再然后我会成为一名军官。

当然，"幽灵行动"也为我们"庶民"提供了一个向学长发泄不满的途径。所谓"幽灵行动"其实就是学生团体之间以幽灵为名义，搞恶作剧捉弄对方的活动。比如，在操练的时候把当指挥官的学长强行抬走。恶作剧一般发生在"陆军海军文化交流周"，在此期间，西点和海军军校之间将进行橄榄球赛，这也让学员们热血沸腾。

就在比赛的前一天晚上，三年级的学长怀特中士邀请我跟他共同完成一次"幽灵行动"。能被高年级学生接受，我觉得很荣幸，立刻答应下来。晚上11点半，我在宵禁之后溜出寝室，怀特和他的同伴正等在走廊里，行动的目标是一个来访的海军军校学员，我们要把他的宿舍搞得一团糟。我有些犹豫："这样做是不是太过分了？"怀特和其他学长都说："别担心，我们领头，出了事也跟你没关系。"大家悄悄摸到"敌人"的宿舍楼，按事先安排的位置站好。怀特中士用唇语数道："一……二……三！"说时迟，那时快，我和一个二年级军官猛地推开房门，冲到床头，把两大桶、大约5加仑冰冷的橙汁浇到熟睡的学员身上，然后迅速跑出门外。同时另外两个人向房间里投掷了数枚"炸弹"（扎破的剃须水罐），顿时到处都是白色的泡沫。最后怀特把散发臭气的牛奶泼进屋里。任务圆满完成了。众人麻利地跑下楼梯，在楼门口跟负责放哨的队员会合，然后分成几组撤离。

回到房间，我努力让激动的心平静下来。接下来还有一个轻松愉快的周末——我已经安排好跟同伴去新泽西玩。然而凌晨3点钟时，有人敲响了我的房门。原来被

【西点揭秘】
学会做自己的领导。我们能够真正领导的人只有一个——那就是我们自己。

【西点军校校训】

我们对将要服务的人民、政府和社会要有十分清楚的认识；在工程学、自然科学和人文科学方面要得到均衡发展；既要形成合理的知识结构，又要力争在自己感兴趣、有特长的学术领域内形成自己的专业特长。

捉弄的军官向西点安全部投诉，我们的酸牛奶和剃须水毁掉了他书桌上昂贵的电子仪器，床边的旅行箱也未能幸免。

在训导员办公室里，怀特中士竭力为我开脱："是我命令他那么做的，我愿意承担一切责任。"但是训导员不这么认为，他罚我们在早饭前把海军军官的寝室变回原样，把弄脏的衣服洗干净。这还不算，训导员宣布，接下来的几个周末，我们都不能休假，而要在校园里受罚。"这太不公平了，我只不过服从了学长的命令，他应该对我的行为负责。"教官显然看出了我的不满，训练结束时，他盯着我的眼睛，一字一句地说："在西点，人人都是领导者。即使是个'庶民'，你也至少领导着一个人——你自己。因此你必须为那天所做的事负责。"直到今天，那位教官的话仍然在我耳边回荡。这是西点给我上的第一课：想做一个成功的领导者，你必须先学会领导你自己。

我们每个人来到世上，都受到他人的领导。小时候，受父母的管教；长大了，受老师的教诲；好不容易踏上社会，又要受上司的领导。反思我们的教育，有没有把学生当成真正的主人？体罚虽然没有，但上课不把学生当人的现象时有发生。学生迫于无奈，或迫于家长的压力，忍气吞声（在校要听老师的话）。学生好像也习惯了这些教诲，一门心思把书

读,完全没有自己的思想。教育成了生产机器的伟大工程。

想做一个领导者,你必须领导自己。这句话给了我深刻的震撼。华人首富李嘉诚曾说:"在我看来,要成为好的管理者,首要任务是自我管理,在变化万千的世界中,发现自己是谁,了解自己要成为什么样的人,建立个人尊严。"

做教师,面对性格各异的学生,要把积极的一面展现在学生面前。当我们出现消极的想法时,我们要用正面的积极的思想控制它;当内心产生愤怒的时候,我们要用理智扑灭它;当我们心情烦恼、脆弱时,要学会自我调节和控制自己的情绪。

西点军校和雷锋

2002年8月29日至9月13日,雷锋纪念馆馆长张淑芬随抚顺市赴美友好经济代表团到美国专程搜集雷锋精神对美国西点军校的影响。到了西点军校后,张淑芬在对外公开的游览地点详细地察看了每一个展板,但上面除了武器陈列就是西点军校的发展史,没有发现与雷锋有关的资料。她不但没有看到传说中的雷锋半身塑像,在会议大厅里更没有看到"我国伟大的战士楷模雷锋"。对丁其他的一些说法,如西点的学员手册中也有雷锋日记中的格言;西点的固定教材中有关于雷锋的记录;西点的课程中有关于雷锋的专门课程,张馆长也没有得到肯定的答案。不过,西点军校公共事务办主任玛雅·卡塞拉告诉张馆长:西点军校作为一所世界著名的专业军事院校,各国军事是该院校研究和教学的一个重要内容,因此在对中国军事进行研究的时候提到雷锋也是一件很自然的事。而且,西点军校每年都要推出一批其他国家优秀的军事家和军人在学校进行宣传,鼓励学员进行研究和学习。特别

【西点学员的座右铭】

不说谎,不欺骗,不偷盗,也不容忍别人这么做。

是在1993年至1994年期间,他们不仅推出这样的人物,还在校园中搞过一系列的活动,并在活动中推出他们的雕像,雷锋雕像很有可能就在其中。可惜的是,这些内容都无从考证了。后来,玛雅·卡塞拉在给雷锋纪念馆的一封信中表示,要把张馆长赠送给该校的雷锋纪念品当作教材,她相信这类教材一定能增进学生对中国文化、中国历史、中国社会的了解。

《环球时报》驻美国记者王如君后来也实地探查,依照西点军校的地图指引,并在校园内四处巡视,均没有发现跟雷锋有关的塑像。不仅如此,在王记者询问了数十位曾经在不同时期去过西点的人时,没有一个人在西点的校园内见到过雷锋塑像。不但其校园内的塑像都是美国历史上的伟大人物,其在西点的学员手册中提到很多与雷锋精神所提倡的道德相一致的道德规范,然而那是全人类都应当信守的道德规范。他们的学员的座右铭是:"不说谎,不欺骗,不偷盗,也不容忍别人这么做。"这样的精神与雷锋精神有一致之处,但的的确确没有"雷锋日记中一些名言印在学员学习手册扉页上"。那么西点人到底知不知道雷锋呢? 王记者随机采访了几名西点学员,他们说知道雷锋这个名字,因为中国人都在学雷锋,雷锋是个优秀的中国军人。但当记者问到他们是否在课堂上专门学过有关雷锋的课程时,他们都摇了摇头。

2002年12月,雷锋纪念馆改扩建指挥部收到一份珍贵的资料。这份资料是由中国驻大使馆原一秘田志芳捐赠的。该资料是美国西点军校印制的该校简介,在内页上面有几张反映西点军校学生学习生活的照片,其中的一张照片上可清楚地看见雷锋的照片挂在墙上,照片下边还有几个汉字:学雷锋树新风。原

【西点揭秘】

由于西点军校是美国精神和美国价值的集中体现,这所学校所倡导的也都是具有民族性的英雄人物或英雄精神。

来，田志芳于1984年至1988年曾在我国驻美大使馆工作，1984年至1985年间曾两次到美国西点军校参观，当时收集了一些西点军校的简介资料，其中就包括这份带有雷锋照片的资料。据田志芳分析，从照片上看，雷锋的照片被悬挂在学员们学习的地方，旁边还有一面五星红旗，可以看出，西点军校的确是在研究雷锋精神。

西点军校小百科

西点著名校友、国际银行前主席奥姆斯特德说过："以顽强的毅力和百折不挠的奋斗精神去迎接生活中的各种挑战，你才能免遭淘汰。"尽管西点军校接受议员的推荐名单，但议员的推荐名额也有明确的法律规定：每个州10个名额，由2名参议员从该州各推荐5名，每个国会选区5个名额，由该选区选出的众议员从该选区推荐，副总统可从全国范围内挑选5人。如果不超出招生名额，总统可从连续服役8年以上军人的子女中挑选30人。军种部长可从该军种士兵中挑选30人。

第四课 优秀的"商学院"

西点名言

规则和纪律一定要遵守,但这绝不应该成为你墨守成规的借口。

美国最优秀的"商学院"

美国的西点军校为世人所知,是因为从这里走出了很多著名将领。然而,人们却不知道,西点军校更是培养商界领袖的摇篮。美国现代管理学之父彼得·德鲁克以及通用电气前首席执行官杰克·韦尔奇曾被问及同一个问题:在培养领导者方面,谁做得最好?他们的答案既不是哈佛商学院,也不是通用电气,而是美国军队。

他们所指的美国军队,在很大程度上说的是西点军校的毕业生。二战以来,该校还为美国金融界造就了1000多名董事长、5000多名高级管理者。以此计算,西点军校堪称美国最优秀的"商学院"。

【西点揭秘】

西点军校能产生如此众多的商业人才,要归功于领导力、执行力和人格魅力这三大秘诀。

西点学校成功的"三大秘诀"

1.领导力。在西点人看来,领导力的关键并不是让其他人简单地服从命令,而在于

42

引导、激励部下，让他们跟你的思维、理念同步，跟随你为事业一起奋斗。西点军校领导力培训项目的托德·亨肖中校指出，一个好的领导人，要懂得如何保持团队的价值，并通过团队建设使之增值。

2.执行力。执行力则意味着除非命令本身有问题，否则必须执行，没有任何借口。在西点，士兵在回答命令的时候，只能有四种答案："是，长官"；"不，长官"；"不知道，长官"；"没有借口，长官"。

3.人格魅力。人格魅力则是指人的美德，比如诚实。

西点军校小百科

走进西点大门的学员，很快就知道什么叫坚忍。坚忍就是必须达到训练的要求，没有任何通融。因为军事活动是真刀真枪的活动，拿生命与困难拼搏的时候，谁降低标准，谁就会失败，甚至死亡。同时，军事活动是充满困难的领域，不确定因素很多，比如地形复杂、气候恶劣、对手强大、部队不精、装备较差，它们时刻考验着指挥官，没有坚强的意志力就顶不住，就可能垮下来。因此，不管外界怎样批评，西点在设置训练的难度和强度上不减分毫。他们提出，在这些困难面前，格兰特过去了，潘兴过去了，麦克阿瑟过去了，布莱德雷过去了……你们也要过去。

第五课　西点军校名人榜——潘兴

西点名言　有时候，阻碍我们成功的主要障碍，不是我们能力的大小，而是我们的心态。

约翰·约瑟夫·潘兴（John Pershing 1860—1948），美国著名军事家、陆军特级上将，又称"铁锤将军"，还有个绰号叫"黑桃杰克"，出生于密苏里州林思县拉克利德镇。1886年在西点军校毕业后，曾到美陆军骑兵部队任职。

1890年至1891年在新墨西哥州和南达科他州参加"征剿"印第安人的作战时表现出色，得到美国陆军的嘉奖。

1897年至1898年在西点军校任战术教官。

1898年美西战争期间，参加古巴战场作战。

第一次世界大战中，潘兴曾任欧洲美国远征军总司令。

1899年至1903年,在驻菲律宾美军中服役,参加镇压菲律宾人民起义。

1904年至1905年任驻日武官兼日俄战争军事观察员。

1906年得到罗斯福总统的赏识,由上尉破格提拔为准将。

【将军名言】

这场战争是以无私无畏的英勇不屈和坚忍不拔的精神进行的,这种精神是取得最终胜利所必需的。

1906年至1913年再度到菲律宾服役,历任要塞司令和省总督。

1914年任第八旅旅长。

1916年至1917年率远征军1.5万人入侵墨西哥,镇压当地的农民游击队。

1917年2月晋升为少将。美国于1917年4月对德宣战后,他被任命为美国远征军司令,率部前往法国,独立参加对德作战。10月被授予临时陆军上将军衔。他在第一次世界大战后期指挥美军发挥了重要作用。

1918年7月,派出5个师14万人参加第二次马恩河战役。9月,指挥美第一集团军独立实施圣米耶勒战役和默兹—阿戈讷战役。10月,任集团军群司令,所辖部队增至200余万人。11月初,率军协同英法联军对德军发动总攻,突破兴登堡防线,迫使德国投降。

1919年9月,正式晋升为陆军上将。

战后,从1921年起,任美国陆军参谋长。

1924年退役,任美国战争纪念委员会主席。在联盟战争中主张保持美军作战的独立性,并力图摆脱依托深沟高垒的阵地战打法,有"铁锤"之称,是美国历史上堪称"伟大的军人"之一。美军中至今仍有以他的名字命名的新式中程导弹("潘兴Ⅰ式"和"潘兴Ⅱ式"导弹)。著作有《我在世界大战中的经历》。

人物生平

潘兴(1860—1948,Pershing,John Joseph),美国军事家,特级上将(高

于五星上将）。

1886年毕业于西点军校，后在骑兵部队服役。

1880年至1891年先后在美国西南部和南达科他州参加"剿灭"印第安人的作战。1897年至1898年，任西点军校战术教官。美西战争期间，参加入侵古巴的作战。1899年在菲律宾服役，参加镇压摩洛族人民的武装起义。

1905年，任驻日武官兼日俄战争军事观察员。

1906年，从上尉破格擢升为准将。

1906年至1913年，再度在菲律宾服役。

1916年3月至1917年2月，率1万余名美军对墨西哥进行武装干涉，镇压墨西哥的农民游击队。

1917年4月美国宣布参加第一次世界大战后，任美国远征军司令，在法国前线组织指挥美军的训练和作战。大战末期，率领美军单独进行圣米耶勒等战役，并协同英法联军对德国发动总攻，突破兴登堡防线，迫使德国投降。

1921年起任美国陆军参谋长。

1924年退役。著有《我在世界大战中的经历》等书。

"恐怖的杰克"绰号的由来

【潘兴大事记】

1886年毕业于美国西点军校。

1904年至1905年任驻日本武官。

1916年至1917年率领1.2万名美军出兵墨西哥。

1917年美国参加一战后，担任美国驻欧洲远征军司令，成为大战中的美军英雄。

1919年晋升为陆军特级上将，美军历史上第一位陆军特级上将。

1921年任陆军参谋长。

1924年退役。

1917年，法军总司令贝当和英军总司令黑格听说美国派来的远征军司令是潘兴时，不禁一惊："恐怖的杰克，怎么会是他？这可是个很难打交道的家伙！"

"恐怖的杰克"——潘兴这个名扬海外的绰号是敬畏他的部属私下里送给他的，因为他对军容风纪的要求几乎严格到令人忍无可忍的地步。

潘兴是一个完美主义者，甚至在退出现役后，他也是以一个正规军人的姿态——腰板笔直，服装挺刮，马靴锃亮，军人礼仪规范，举止一丝不苟——出现在公众面前的，直到去世的那一刻。

同时，"严于律己"的潘兴并不"宽以待人"，他要求他的部下也得和他一个样。他认为，军人和民兵的区别就在于是否有严整的军容，只有有了严整的军容，才能像正规军人那样作战，才能取得胜利。

将军逸事

在第一次世界大战同盟国与协约国斗得筋疲力尽之时，美军作为有生力量踏上欧洲土地，他们的使命就是帮助英法军队击败德军。但潘兴却不急于投入战斗，而是认真地进行战前训练，这可把在堑壕里苦战的英国人和法国人急得不得了。

就连潘兴的参谋也提醒他："我们的训练计划需要的时间太长了，会使人们感到德国人的预言是正确的——在英法军队垮台之前，美军到不了前线！"

谁知潘兴只冷冷地丢下了一句话："我不知道德国人的想法，我只知道没有受过训练的士兵打不了仗！"

潘兴这种严谨的作风，令同他打过交道的美国政治家无不钦佩。潘兴还是个上尉的时候，西奥多·罗斯福总统就想把他提升为少校或中校。当罗斯福总统发现美国法律不允许这样做时，索性利用总统职权，越过882名

级别比潘兴高的军官,将他直接升为准将。这在美国历史上可是绝无仅有的事。

英法两国的政治家和军事家却对潘兴喜欢不起来。当潘兴率领美国远征军边开进、边训练抵达战区后,他的英法同行才真正意识到他的厉害。英法原来打算只将美军作为加强力量使用,不给其独立指挥权,只让美国扮演配角。但潘兴识破了英法的政治意图。

在一次联军会议上,他当着英国首相劳合·乔治和法国总理克里孟梭的面,申明美军必须有独立的作战方向,自己必须独立地指挥美军作战。说完,他拂袖而去。在他的积极争取下,英法只得同意美军保持战场上的独立性。

潘兴的战略意识换取的独立作战指挥地位,为一战后美国在国际事务中建立自身的军事地位奠定了坚实的基础。因此,当他作为一名具有战略家眼光的英雄凯旋归国时,潘兴受到了美国民众的热烈欢迎,并被授予美国开国以来头一个陆军特级上将军衔。

如果没有第一次世界大战的话,那么潘兴和巴顿的关系就会更加有趣了。在潘兴奔赴法国统率美军前,他和巴顿的妹妹尼塔已经准备订婚了,他们相约在第一次世界大战结束之后举行婚礼。

如果这个婚礼成了的话,那么按照我们中国人的观念,潘兴就是巴顿的妹夫了。但是很遗憾,由于第一次世界大战的缘故,潘兴和尼塔有一年多没有见面,两个人最终没能走到一起,他们在巴顿的安排下举行了一个纪念告别活动,和睦地做了普通朋友,并且都一直单身下去。

潘兴遇到尼塔时候已经55岁了,在这之前潘兴有过妻儿家庭,也很幸福,但是一场意外的火灾毁掉了潘兴的家庭。

【西点军校校训】
为了赢得胜利,也许你不得不干一些自己不想干的事。学会忍受不公平,学会恪尽职责。

有一天巴顿找到潘兴,他说我要到作战部队去。潘兴对巴顿非常熟,潘兴有一个外号叫"恐怖的杰克",为什么叫"恐怖

48

的杰克"？因为潘兴非常讲究军容风纪，潘兴不能允许他部下的皮鞋上有一点灰尘的。

有一次，也就是在对墨西哥的武装干涉中，当部队急行军到达目的地之后。大家累呀，顾不得擦皮鞋就休息了，当时潘兴看到了之后非常生气，就批评值日军官，命令大家立即起来擦皮鞋。

【潘兴写真】

潘兴治军从不搞花架子。

他特别重视训练工作，强调训练要从实战出发。

参加第一次世界大战前，美国陆军主要是按照美国内战时期的作战经验进行训练。参战后潘兴不仅借英、法、德军的经验，要求部队必须进行堑壕战的战术训练，要求参战美军克服英法军队困守堑壕战线的消极思想，加强"火力与机动"的突破战术训练。

他一眼就瞄到了巴顿，他看到巴顿的皮鞋锃明瓦亮，潘兴说，就照着他这样做，他怎么擦的你们就怎么擦。所以说潘兴对巴顿非常喜欢，那么巴顿也非常敬重自己的上司，即使他后来谈起潘兴也充满了敬意。

潘兴正考虑在美军建立一支坦克部队，他听了巴顿的请求，点了点头说："好吧，你要离开这里，我没有意见，有两个岗位让你去选择：一个是指挥一个步兵营，一个是组建坦克部队。"

巴顿听了之后，心头不免一紧，为什么？因为巴顿不愿当步兵，他觉得步兵不过瘾，巴顿最想当的是骑兵。他特别喜欢到骑兵部队，可是潘兴恰恰没有让他到骑兵部队，他知道潘兴是什么人啊，吐口唾沫就是个钉，不能更改的。巴顿就这样到了美军第一支坦克部队。

潘兴的军衔和坦克

潘兴于1919年9月被授予一个特殊的军衔：陆军特级上将（General of the

【西点揭秘】

一定要充分利用生活中的闲暇时光，不要让任何一个发展自我的机会溜走。

Armies），并且此军衔不再授予潘兴以外的任何人。这个军衔最初原本是准备授予美国开国元勋、第一任总统乔治·华盛顿的，但当初他拒绝接受。

后来，在1976年，美国国会通过法令，将华盛顿提升为"六星上将"（General of the Armies of the United States），使其高于任何其他美国将军，并规定只有华盛顿一人独享此殊荣。这也是目前美军的最高军衔；其次便是潘兴的"陆军特级上将"（General of the Armies）以及乔治·杜威的"海军特级上将"（Admiral of the Navy）；再次即是著名的陆军五星级上将（General of the Army）、海军五星级上将（Fleet Admiral）、空军五星级上将（General of the Air Force）。

M26"潘兴"坦克于第二次世界大战末期装备美国陆军，专为对付德国的"虎"式重型坦克而设计。美国人于1943年4月开始改造搭载90毫米炮的T26新型重型坦克。

后来的M26就是T26的改良型T26E3，这种车型勉强在二战结束前服役，1945年1月投入实战20辆。同时，为了抵抗德军神秘的"虎王"重型坦克，又急忙试制出在T26E3的基础上搭配长身管90毫米炮的T26E4，并于1945年3月投入实战。

比起高大的M4"谢尔曼"系列坦克，其低平而良好的防弹车型更具现代色彩，它的主炮威力和装甲厚度比起以往所有的美国坦克，都有飞跃性提高。

M26"潘兴"由于服役晚，在二战中未发挥其作用，真正的活跃表现却是在朝鲜战争中与中国人民志愿军的较量。

在第二次世界大战期间，美国曾以M4"谢尔曼"中型坦克的数量优势来对付德国坦克的质量优势，但美国人并不甘心坦克技术上的劣势，于1942年，即研制出第一辆重型坦克T1E2，后来在该坦克的基础上又发展成M6重型坦克。

该坦克的性能虽然优于德国的"黑豹"中型坦克，但却赶不上德国的"虎"式重型坦克。为了改变M6重型坦克的劣势，美国发展了两种坦克：一种是T25，一种是T26。

这两种坦克都采用新型T7式90毫米火炮。其中T26得到了优先发展，其试验型有T26E1、T26E2和T26E3三种型号。其中T26E1为实验型；T26E2装一门105毫米榴弹炮，后来又发展为M45中型坦克；T26E3在欧洲通过了实战的考验，于1945年1月定型生产，称为M26重型坦克，以美国名将"铁锤"约翰·J.潘兴将军命名。该坦克开始时是作为重型坦克定型的，到了1946年5月改划为中型坦克类。

M26坦克为传统的炮塔式坦克，车内由前至后分为驾驶室、战斗室和发动机室。该车有乘员5人：车长、炮手、装填手、驾驶员和副驾驶员。驾驶员位于车体前部左侧，副驾驶员（兼前机枪手）位于右侧，他们的上方各有一扇可向外开启的舱门，门上有一具潜望镜。

炮塔位于车体中部稍靠前，为了使火炮身管保持平衡，炮塔尾部向后凸出。车长在炮塔内右侧，炮手和装填手在左侧。指挥塔位于炮塔顶部右侧。

炮塔顶部装有一挺高射机枪，炮塔正面中央装有一门火炮，火炮左侧有一挺并列机枪。

"潘兴"装载的发动机是由福特公司开发的GAF型V形8缸液冷汽油发动

机,输出功率为368千瓦,在转速2600r/min时,功率为500hp。

该发动机的可靠性得到很高评价,被认为是装甲车的标准发动机,发动机因采用一种新型双室汽化器而降低了高度。

其公路速度为48.3千米/小时,越野速度也达到20千米/小时以上。公路行程达到200千米,"潘兴"的机动能力较德国"虎王"强很多。

传动装置为液力机械式,主动轮在后,诱导轮在前,安装有液力变矩器,因而在一定范围内可以自动变矩,减少换挡次数,从而可减轻驾驶员的工作。

行星变速箱只有3个前进挡和1个倒挡。操纵装置采用了一根既能变速又能转向的操纵杆,故容易操纵。行动装置采用独立扭杆悬挂装置和液压减振器,第一、二、四和六负重轮处均装有减振器。第一负重轮平衡肘和诱导轮曲臂之间装有补偿机构,用以自动调整履带松紧度。其动力传动装置位于车体后部。

传动装置由行星减速器、液力变矩器、行星变速箱、双差速转向机构和单级齿轮式侧减速器等组成。

传动装置的部件(侧减速器除外)都装在一个箱体内,该箱体与发动机曲轴箱固定在一起。行动装置每侧面有6个双轮缘负重轮和5个托带轮,履带裙板由4小块组成,仅遮住托带轮的上部。履带为金属—橡胶结构,履带宽为609毫米或584毫米。

M26坦克的车体为焊接结构,其侧面、顶部和底部都是轧制钢板的,而前面、后面及炮塔则是铸造的。车体前上装甲板厚120毫米,前下装甲板厚76毫米;侧装甲板前部厚76毫米,后部厚51毫米;后面上装甲板厚51毫米,下装甲板厚19毫米。

炮塔前装甲板厚102毫米,侧面和后部装甲板厚76毫米,防盾厚114毫米。车内设有专用加温器,供驾驶室和战斗室的乘员

【西点军校校训】
　　每个学员不撒谎,不欺骗,不盗窃,也决不容忍其他人这样做。

取暖。

"潘兴"T26E3的主炮为90毫米M3型坦克炮,T26E4为90毫米T15E2型坦克炮。两者都是美军90毫米高射炮的改造产物,这与德国坦克炮发展思路相似,起因无非是高射炮具有与坦克炮同样的高初速特征。

M3炮身长50倍口径,T15E2炮身长70倍口径。如同德国的"虎"式装载56倍口径的KwK36,而"虎王"装载71倍口径的KwK43,"潘兴"火炮配用曳光被帽穿甲弹、曳光高速穿甲弹、曳光穿甲弹和曳光榴弹。弹药基数70发。其中被帽穿甲弹的弹丸重11千克,在914米距离上的穿甲厚度为122毫米,在1829米距离上的穿甲厚度为106毫米。高速穿甲弹的弹丸重7.6千克。914米距离上的穿甲厚度为199毫米,1829米距离上的穿甲厚度为156毫米。火炮射速为8发/分钟。

比较双方的攻击力,若"虎"式KwK43和"潘兴"的M3都使用通常的穿甲弹的话,KwK43处于优势;都使用高速穿甲弹则不相上下。

KwK43和T15E2相比,若都使用通常的穿甲弹,KwK43处于优势;使用高速穿甲弹,则T15E2处于优势。但高速穿甲弹的弹芯需要金属钨做原材料,德国无此矿产,所以很少配发部队。但美军却大量装备,并特别强调:如果遇到德国的重型坦克,应大量使用高速穿甲弹火控装置包括炮塔的液压驱动装置和手操纵方向机、观瞄装置、象限仪和方位仪等。炮塔可由炮长或车长操纵,当车长发现重要目标需直接操纵炮塔时,炮长的操纵装置便自动切断。

西点军校小百科

西点军校的学员都明白一个道理:第一永远只有一个,在追求胜利和第一的同时,只有依靠自身强大的意志力破除一个又一个障碍,才能最终取得成功。西点军校的教官时常告诫学员:作为一名军人,荣誉高于一切,军人只有战死沙场,没有苟且偷生,军人的字典里没有"投降"一词。"决不投降"、"跌倒了再站起来,在失败中求胜利",这是历代伟人的成功秘诀。

第二章　军规制定者

　　责任、荣誉、国家——这镌刻于西点军校学员教堂门厅上的几个大字不仅是西点军校的校训、西点人的灵魂,更是美国的国训。这个强大的精神支柱,不仅鼓舞了所有西点的学子,更是激发所有的美国人不断进取、争取更强的精神动力。

第一课　美国人引以为豪的军校

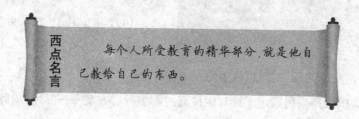

西点名言

　　每个人所受教育的精华部分,就是他自己教给自己的东西。

　　美国西点军校建于 1802 年,全称"美国陆军军官学校",是美国军队培养陆军初级军官的学校。因学校位于纽约市北郊的哈得孙峡谷河上的肘状的三角岩石坡地上,该点被当地人称为"西点",故习惯上又称其为"西点军校"。

　　200 多年来,西点一直被称为"美国将军的摇篮",是培养将官的地方。"责任、荣誉、国家(Duty Honor Country)"是西点军校的校训,是西点人的灵魂,更是美国的国训。

　　西点军校着力于对人在性格、纪律、毅力等方面进行塑造,其培养的不仅是一名军人,而是美国社会的精英——这也是在它的办学过程中最为引人注目的地方。

　　西点军校之所以充满活力,永葆青春,经久不衰,始终受到世界各个国家的关注,一个根本的原因就在于它坚持了内部机制的改革。

　　在战场上,决定性的动力是"相信自己的赢家力量"。西点的学生们深知:在兽营中,只有保持警觉的头脑和灵敏的反应,你才能坚持下来,而这实际上又成了美国军队改革的"芯"动力。

规制定者

今天的美军，大多数将校军官出自西点军校，其精神力量也来自于西点。这个精神就是他们在拥有最强大军事力量的同时，仍然保持着精神上的危机感和挣扎感，鞭策他们不断进取、争取更强。

1991年1月17日，世界人民正在庆幸冷战结束时，一场被称为"世纪末之战"的海湾战争爆发了。

美国最高当局敲定了针对伊拉克的军事行动方案——"沙漠盾牌"计划之后，一场横扫中东的"沙漠风暴"行动开始了。

在海湾战争中，美国人最大限度地运用了它的全部军事力量，充分反映了美国凭借它的军事实力和居世界领先地位的先进技术装备迅速干涉别国事务的能力。

海湾战争使更多的人知道了布什、萨达姆、鲍威尔，还有"沙漠风暴"行动的最高司令 H.诺曼·施瓦茨科普夫——美国西点军校的荣誉榜上又增加一个新的名字，因为这位饮誉海外的司令官是该校1952年一团一连的学员。

一些教职员和同学，都还能记起40年前的这位诺曼，最喜爱的课目就是军事艺术历史，埋头钻研亚历山大、恺撒、汉尼拔和拿破仑等世界名将的经典战例，并宣称他希望效法20世纪初罗马帝国的马其顿国王亚历山大为国建功立业；最后，诺曼以排在全班10%的优秀学员名单中的成绩毕业。

在美国人的心目中，西点军校自1802年成立以来200多年的名声确实不凡。它培养出了4000多名将军，被誉为"将帅的摇篮"。西点人垄断着美国的工程兵部队，美国参谋长联席会议主席、陆军和空军的参谋长长期为西点人占据。

西点军校还为美国培养出许多著名的政治家、企业家、教育家和其他各类人才。如曾经是美国至高无上的总统格兰特和艾森豪威尔，第一次世界大战中远征欧洲的司令潘兴，第二次世界大战称雄欧亚非战场的麦克阿瑟、巴顿、布雷德利、史迪威等，还有国务卿小亚历山大·M.黑格、军火大王亨利·杜邦和威廉·B.富兰克林，以及曾经是菲律宾铁腕人物的菲德尔·拉莫斯总统……

西点军校为美国培养了无数的军事英才，从南北战争开始，西点军校毕业生就在美军中占据了关键的指挥岗位。据 2007 年统计，美国陆军中有 40% 以上的将军是西点毕业生。

西点人曾经骄傲地说：西点人的光荣就是美国的光荣；西点人的耻辱就是美国军队的耻辱；西点人的失败就是美军的失败、美国的失败。

正如 1902 年西奥多·罗斯福总统在庆祝西点军校建校 100 周年仪式上所说："我们国家其他任何学校都没有像它这样，在刻有我们民族最伟大公民的光荣册上写下如此众多的名字。"

西点新生一入学，首先就得接受 16 小时的荣誉教育，用具体事例说明珍惜荣誉的重要性和方式方法，以及荣誉感对一生的好处。然后，以不同的方式将荣誉教育体系贯穿十四年学习生活的始终，目的是让每一个学员逐步树立起一种坚定的信念：荣誉是西点人的生命。

学员必须要有鲜明的整体荣誉感，"每个学员决不撒谎、欺骗或盗窃，也决不容忍其他人这样做"。军校要求学员不得容忍或袖手旁观同年

级、高年级或低年级学员中的任何不荣誉行为。对违反荣誉或对军校规定漫不经心，甚至寻找各种借口为之开脱的行为是西点军校所不能容忍的。不管是无意地还是有意地违反规定，见之不报告，同样也违反了规定，处罚甚至更重。

如果学员确信发生了违反荣誉准则的事情，他可以面询有嫌疑的学员，并给予对方解释行为的机会。学员在面对这种状况时，通常有两个责任：一是鼓励涉嫌学员向相关荣誉代表报告此事；二是同时必须向自己的荣誉代表报告嫌疑案。

西点在其基本教育方针中指出：责任和荣誉是军事职业伦理观的基本成分，它们鼓舞并指导着毕业生努力报效国家。荣誉起着某种完美观念的作用，这一作用既可以使爱国主义精神长存，又可以提供一种度量责任履行程度的天平。可以说，荣誉教育肩挑着责任和国家。

国家，旨在唤起一种为国家利益和民族理想服务的献身精神。这是军校培养学员的终极目标和最高要求，是西点军校办校基本方针的最本质体现。宣扬爱国主义精神，激励西点毕业生最大限度地发挥自己的各种能力去报效祖国，这既是西点的精神，也是美国的国训。

从 1802 年建校以来，西点军校就在其"责任、荣誉、国家"的校训指引下，形成了独树一帜的文化传统和精神风貌，为美国工程技术教育和自然科学教育的发展奠定了坚实的基础，为自己在美国乃至全世界树立了极高的声誉。

西点成功的原因是多方面的，但最主要的原因还是在于西

点在"责任、荣誉、国家"的大方向指引下,将学员的重点培养方式锁定于精神层面,即特别重视对学员"品德"方面的要求。这里所强调的"品德",实则是西点校训的具体要求,即责任感、正直、敬业、服从、诚实等等。

被尊称为"西点军校之父"的维纳斯·塞耶上校在 1817 年至 1833 年担任校长期间就反复强调:西点仅仅培养领导人才是不够的,必须是"品德高尚"的领导人才。

颇具传奇色彩的麦克阿瑟将军,38 岁便担任了准将,是一战中最年轻的将军;39 岁担任西点军校校长;45 岁任少将,是美国历史上最年轻的少将;50 岁担任美国陆军参谋总长,是美国历史上最年轻的陆军参谋总长,也是当时唯一的四星上将。麦克阿瑟时刻把"责任、荣誉、国家"作为自己的座右铭,他说:"西点圆了我当兵的梦,只有上帝和国家能够改变我的行动,而这一点就是西点的校训,那是我的精神支柱。"

西点军校小百科

西点军校有这样一则校训:"正确的战略战术比优势兵力更重要。"

思维决定一个人的选择,包括他的前途。

在工作中,我们难免碰到诸多困难,这些都不是最可怕的,最可怕的是有人被吓傻了,不懂得寻找解决之道。

成功不相信眼泪,它只需要我们开动脑筋,寻找方法。

第二课　神秘的塞耶体系

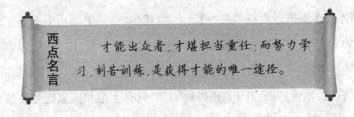

西点名言

才能出众者,才堪担当重任;而努力学习,刻苦训练,是获得才能的唯一途径。

西点军校的辉煌是伴随着塞耶而来的。

塞耶被称为"西点军校之父",他身披旧式军用斗篷、双眼凝视远方的雕像,耸立在军校教练场,受到一代又一代西点人的尊敬。塞耶的教学和管理思想构成的"塞耶体系",为西点和其他军事院校所继承、发展。

塞耶的主要目标是将西点军校办成美国名牌的国立大学。他一到西点就对每个学员进行全面考核,一些纨绔子弟个个如履薄冰。他以法国技术学院特别是以巴黎理工学校为模式,对军校进行了全面改革,主张教学班尽量划小,使每个学员都能在教师面前背诵当天的课程。

他要求学员每天背诵的目的,不仅仅在于为了养成学员刻苦学习、严谨认真的态度,而且有利于领导了解实际情况,同时在全班形成良好的竞争局面。在一系列的改革中,塞耶使学员的全部生活安排逐步实现制度化,坚持要求军人有良好的仪表,每周必须去教堂做礼拜,还对说谎、偷窃以及其他不规矩或不道德的行为颁布了严格的惩处细则。

1898 年,西点军校制定了"责任、荣誉、国家"的校训,并刻在其校徽

上，充分体现了军校对坚强意志、道德成长和性格培养方面的重视，这也是塞耶体系的一贯思想。

塞耶体系还可以从他的领导作风中充分体现出来，他把一个指挥官的严厉领导和控制同对部下每个成员父母般的关怀结合起来。他作风深入，以至于在学校各处都可以看到他的身影；他坚持每天与各部门接触，接收教授、教官、战术军官和行政管理人员的报告。但是在次要问题上，他绝不干预部下的职责。

每名新入校的学员都要亲自向他报到，学员的任何请求都必须得到他的批准；从开学到毕业，他时刻观察着每名学员的各个方面。塞耶严格管理，不徇私情，不畏权贵，不管学员的社会背景如何，对他们都一律平等对待。做到这一点在当时是十分不易的，因为在那个时代，许多学员来自地位显赫的名门望族，美国人的民主、平等观念尚未深入人心。

1818 年，塞耶亲自写信给当时美国要人之一的托马斯·平尼克将军，通知他，由于将军的儿子没有按时返校，军校已决定令其退学。平尼克将军解释道：由于天气不好，是他执意把儿子留下的。

塞耶的直接上级已答应作为例外处理。但是塞耶不从，他明白迎合权势绝对办不好学校。小平尼克被开除了，学员们说，西点偏袒偏爱的时代一去不复返了，西点变成了一个公正平等的军校。此外，塞耶还规定学员不得接受外界任何经济援助，不管家境情况如何，每个学员都只能靠自己微薄的薪金生活。此举的目的，就是为了造就一种民主、互助、平等的院校环境。

塞耶强调用严格的制度、条令去管理军校，有些规定近乎无情或过分。如他规定了对学员的 6 项惩处，即：一是剥夺休息，额外任务，惩戒，拘留，禁闭于学生宿舍或帐篷内；二是禁闭于有光的牢房或禁闭于黑牢

房;三是公开开除;四是一旦校长发现在学员中有明显联合反抗当局或不服从指挥的行为,校长有权促使法官做出开除的判决;五是如果发现破坏规章制度的行为,但不知是何人所为,校长可以责成军校调查院进行调查;六是不论任何情况,学员在熄灯号后和起床号前的时间里,离开自己的宿舍不得超过半小时,如果有任何不道德行为,或随便去限制学员去的任何娱乐场所,均以违犯军事管制法而论,并开除出校。为了实施严格的管理,塞耶还建立了西点特有的调查院。

塞耶体系就是斯巴达模式和雅典模式的有机结合。斯巴达模式是指崇尚高尚的战士理想,即严肃简朴、恪守纪律、战友情谊、献身国家、创造英雄业绩和热爱珍惜荣誉。所谓雅典模式,就是指特别强调文化和艺术,即把知识看作一种品德,培养与时代结合最为紧密的高知识结构,建立良好的学校氛围和文化环境。

所有这一切,都通过学员的学校生活和学习体现出来。塞耶体系不能简单地看作是塞耶一个人的创举,但他在其中发挥了重要的奠基作用,其后的一些军校领导不断充实、完善着这一体系。正如 1972 年获得塞耶奖的比利·格雷厄姆所说:"衷心希望西点军校的学员永远用塞耶精神鞭策自己,直到塞耶的道德和精神的光辉普照全世界。"

西点军校小百科

西点人重视集中打击,以优势兵力取得阶段性胜利。担负打仗任务的士兵要到前方巡视。一般说来,军人会有这样几种巡逻方式,侦察式巡逻意思是在一定距离上了解敌人,尽可能多地搜集有用情报。深入敌方进行巡逻是穿越敌军边界而尽量不被发现,以便了解敌军全貌。探查式巡逻,意思是静静地袭扰敌人到其不得不开火的程度,由此暴露出敌军的火力位置,发现敌军防御中的缺陷和弱点。一旦这些防守弱点暴露出来,负责巡边的士兵便可以确定怎样利用它们。

第三课　责任、荣誉与国家

西点名言　作为男人，只有对艰苦和严格习以为常，在困难面前才能够尽职尽责。

　　西点军校自创建之初，尤其是塞耶出任校长后，建立起一整套教学思想、管理方法。西点校方历来都十分重视继承西点的优良传统，紧紧围绕着"责任、荣誉、国家"这一校训培养一批又一批学员。

　　1898年，"责任、荣誉、国家"被定为西点校训。"国家"——西点人要具有为美国国家利益和民族利益理想服务的献身精神。

　　"责任、荣誉"——军事职业伦理观的核心内容，其目的是指导和鼓舞西点毕业生努力报效祖国；责任意味着履行义务，荣誉使人追求完美；责任感和荣誉感共同促使每一位西点学员最大限度地发挥自己的才智为国家效劳。

　　西点军校非常自豪地说：荣誉准则发扬了奉献的意义；它的历届毕业生均具备诚实的品质，并且他们清楚地认识到保卫美国政体的意义，同时能够忠实地履行美国陆军委任的军官职责。

　　1985年6月，西点军校重新颁布了荣誉准则和荣誉制度，包括荣誉准则和道德行为、道德行为与军人、学员荣誉制度、说谎、欺骗、偷窃、不容忍、未遂行为、荣誉环境、荣誉委员会、主管荣誉准则和荣誉制度的业务机

构、荣誉准则和制度问答等 13 条。

西点军校的荣誉原则简单而又朴实——"每个学员决不说谎、欺骗或偷窃，也决不容忍此类行为者"。西点军校的荣誉制度之具体确实少见，比如荣誉制度关于"交际得体"与"非语言交流"都有明确的规定，执行荣誉制度的方式很有创意。荣誉制度都是一些有关道德规范的内容，对于违反者、"缺德者"如何处理，许多国家和政府都没有什么太好的办法，无非就是宣传说教、新闻监督和舆论媒介批评一下，对脸皮厚的"缺德者"没有什么实质性的触动。

西点军校的办法是建立"荣誉委员会"和"荣誉调查审判庭"。荣誉委员会由四年级和三年级的学员组成，经民主选举产生，负责对《荣誉准则》和《荣誉制度》的监督管理，提供教育安排，帮助学员共同培养高度的道德观和诚实感。荣誉调查审判庭由 12 名经选举产生的学员组成，审判庭公开审理，鼓励学员旁听。

如果荣誉调查审判结果裁决某个学员违反了《荣誉准则》，那么，军法参谋事务所将审查这个案件的审理是否符合有关规定，然后将把诉讼记录和建议转呈校长。校长有权复审整个案子并得出自己的结论，他将考虑到各种因素。如果决定开除这个学员，必须经过美国陆军部长同意。

西点军校的荣誉制度的威严、有力，它把荣誉问题、道德问题提高到"法"的位置来认识和处理，增加了道德规范的严肃性和制约性；违反道德规范者要受到如同触犯刑法、民法一般的讯问或公开审理，发挥了仅有宣传说教所起不到的作用，同时鼓励学员自己管理自己，增强了他们的责任意识和参与意识。

一些西点人讲：西点军校的荣誉制度高于法律，作为一位美国的陆军军官，应该具备

【名人诠释"责任"】

英国统帅威灵顿说他的人生格言是"忠于职守"，他因责任而生，因责任而死，责任是他生命的指导原则。詹姆斯夫人说："就像水泥使建筑坚固一样，责任感使我们道德坚固，使我们抗拒诱惑和考验：没有责任感，所谓的力量、仁慈、智慧、真诚、幸福快乐甚至爱情都是无中生有的空谈。"

比国家普通人的标准更高一层
的道德规范,如果因法律上的漏
洞让违犯荣誉的学员钻了空子,
我们又如何维护学员的荣誉呢?

　　走进西点,到处都反映着
"责任、荣誉、国家"的精神。每年
6月,西点军校的毕业典礼是一
个别开生面、大壮校威的活动。
许多游客慕名而来,就是为了一睹西点这令人赞叹的盛况。

　　环绕着"塞耶上校——西点军校之父"纪念碑,训练有素的学员整齐
列队,一声"枪放下"的口令,1700支步枪发出清脆的手掌击枪声——100
多年来,这已成为西点军校队列动作最有代表性的姿势,令人叫绝。西点
军校的军乐队后面,是校长和两位老者,一位是西点毕业生校友会主席,
一位是出席这一仪式的历届毕业生年龄最长者。

　　仪式上还要专门宣读一年来去世的西点军校校友名单——传统和现
实的结合,新学员和老学员,缅怀与希望,共同在西点军校交流感情,形成
了凝聚力,大家共同在为西点的荣誉而活着。许多人认为:"西点军校就像
是美国的圣地,人们到这里观看阅兵仪式,得到了极大的满足。"

　　西点校园中,有一座被称为"西半球最大的花岗石"的特罗菲角战争
纪念碑。这里镌刻着2230名在内战时期阵亡的官兵姓名,记载着西点军
校这块土地曾经有过的光荣。建于1910年的学员教堂,学员们在这里祈
祷,述说他们的心声。但每当走进教堂时,都会看到巨大的圣龛旁边镶刻
着西点的校训——"责任、荣誉、国家",宗教活动显然也是学校教育的一
个部分。

　　西点校园内的建筑物、广场、道路,多以西点出身的美国历史上的著
名军事将领的名字命名,如塞耶大楼、马汉大楼、格兰特大楼、巴特莱特大
楼、华盛顿大楼、艾森豪威尔大楼和克林顿广场、霍兹广场、塞耶大道、克

林顿大道、米基露天运动场、塞耶旅馆等等。

　　图书馆门前耸立着巴顿的铜像，麦克阿瑟的雕像挺立在八角形小广场的中央。集会、上课、祷告、散步，学员们无时不沉浸在西点的荣誉和崇高之中，潜移默化地影响着学员们的人生观和世界观。

　　1971年，活着的大约23000名西点军校毕业生中，有97%以上的人参加了西点军校校友会的活动，舆论认为，这是美国最有影响且组织得最好的校友会。这个校友会是1869年在塞耶的领导下创建的，其宗旨是"利用校友会的巨大影响，传播并吸收与西点军校有关的历史发展、社会活动、教学活动、教学方法等方面的信息，接收并保护与该校有关的历史文物，鼓励和鞭策有前途的年轻人学习军事学"——早已离开西点军校的学员们，仍然在为军校的荣誉而工作着。

　　自1958年以来，西点军校每年都要向那些执行西点校训的有功之人颁发"西尔韦斯·塞耶奖"。在"责任、荣誉、国家"这面大旗下，西点的新老学员精诚团结，为了继续取得西点更大的光荣而不懈努力。

西点军校小百科

　　责任关系到价值观的各个方面，直接根植于一个人的良知。责任是西点精神的根基，在西点，责任有不同层次的体现：对于刚入学的新兵，责任就是执行命令，任何人没有任何借口；二、三年级的学生开始领导几十个新兵，他们的责任就是身体力行，用优秀的行动影响和领导新兵；四年级的学生可以做100多人的领导，他们的责任要求他们不能在任何时候表现出胆怯或背离原则的行为。在西点军校，每一个要求都是责任，承担责任被看作是至高无上的原则。

第四课　西点军校名人榜——格兰特

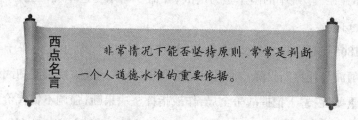

西点名言　非常情况下能否坚持原则,常常是判断一个人道德水准的重要依据。

尤里西斯·辛普森·格兰特（Ulysses Simpson Grant；1822年4月27日至1885年7月13日），美国军事家、陆军上将和第十八任总统，他是美国历史上第一位从西点军校毕业的总统。

在美国南北战争后期任联邦军总司令，屡建奇功。但能征惯战并不等于善于理政，格兰特的平平政绩与他的赫赫战功成为明显对照。特别是在第二次总统任期内，他对南方奴隶主妥协让步以及对贪污腐化的属员采取姑息纵容态度，引起了选民的普遍不满。格兰特卸职后曾周游世界，并想在政治上东山再起，但未能如愿。晚年经商失败，抑郁而终。

1843年毕业于美国陆军军官学校（西点军校）。参加过美墨战争。1854年退役。内战爆发后，在伊利诺伊州加利纳协助招募和训练部队。后任志愿军团长、旅长，在西部战场作战。1862年2月率部攻占南部由盟军据守的亨利堡和多纳尔森堡，威名大震被擢升为少将。同年4

月在复洛会战中重创南军。

1863年4月至7月,指挥田纳西军团采取迂回包围战术,进攻南军密西西比河畔最重要的堡垒维克斯堡,经过艰苦的外围作战和攻坚战,迫使守军投降,俘3.1万人。11月率部击败围攻查塔努加之敌。

1864年3月任联邦军总司令,领陆军中将衔。随后,与W. T. 谢尔曼共同制定东西战场协同作战、分割歼敌的作战计划。5月率主力在弗吉尼亚与R. E. 李统率的南军主力决战,并命令谢尔曼进军佐治亚,给南军以沉重打击。

1865年4月2日,率部攻占南部同盟"首都"里士满,迫使南军于4月9日在阿波马托克斯投降。他具有政治胆识,认识到废除奴隶制和武装黑人的重要性;善于把握战争全局,作战指挥坚决果断;强调不惜代价主动进攻,消灭敌人有生力量,破坏敌人战争潜力,为取得内战的胜利做出卓越的贡献。

1866年4月晋陆军上将。1867年8月至1868年1月任代理陆军部长。1869年至1877年连任两届美国总统,政绩平平。著有《U. S. 格兰特的个人回忆录》。

超级骑手

格兰特的祖先是英国人,1630年移居美国现在的马萨诸塞州。到格兰特父亲杰西·鲁特·格兰特那一代,全家已迁移到俄亥俄州普莱曾特角从事制革业。母亲汉娜·辛普森是位农场主的女儿,1822年4月27日,格兰特出生在这个小村镇上。父亲以希腊神话《奥德塞》中大英雄奥德修斯的名字,给他取名为海勒姆·尤利塞斯·格兰特。第二年全家又迁居到该州的乔治敦镇,格兰特在这个地方度过了他的童年。

少年时期,格兰特显示出爱劳动和承担家务的才能。拖运木材,开垦和耕种土地,把农产品运回家里或到市场去卖等农家活,他都能干。据说,他7岁时会使用牲口,8岁就会做生意。有一次格兰特的父亲让他去买一匹马,临走时告诉他,可以出价20美元,最高可付25美元。到了市场,格兰特就如实地把父亲的话告诉了卖主。最后,他真的用25美元买回了一匹马。回到家里,性情粗暴的父亲并没有为多花了钱而批评他,而是教给儿子如何讨价还价的道理。

格兰特从小就喜欢马。他在养马、驯马中学会了骑马,而且善骑烈马。这是当时的同龄人无法相比的。不过,他在学校里却是个成绩平平的学生。格兰特长大后觉得自己的全名不大顺口,于是就把教名与中间名倒过来,改为尤利塞斯·海勒姆·格兰特。当时,俄亥俄州村镇的儿童成年后,一般都跟随父辈务农或学手艺,但格兰特不喜欢他父亲干的那行制革业。格兰特怕见动物的血,要他吃半生不熟的牛排就会恶心;老格兰特虽然性情粗暴,却很钟爱子女,于是恳请当地的一位联邦议员托马斯·哈默把他的儿子保送到西点军校去学习。格兰特并不爱好戎马生涯,但不想再次违抗父命,便勉强同意了。那位议员过去是格兰特母亲的老友。但问题是这个议员在写这封信的时

【西点校训】

要敢于战胜一切恐惧。

候,把哈勒姆这个名字忘得一干二净。于是他按照西方的取名习惯,自作主张地把格兰特母亲婚前的姓辛普森加了进去。因此,当1839年夏天格兰特到西点军校报到时,发现自己的全名已变成尤利塞斯·辛普森·格兰特。按当时军校的规定,姓名是不能随便改动的,格兰特怕引起麻烦,未做更正。这是美国历史上出现"第一个两度易名的总统"的由来。

格兰特身材矮小结实,个性温和娴静,甚至还带点少女的羞怯。但一跨上马背,那种矫捷勇猛的气概顿时与他日常的表现判若两人。他的高超骑术为他在西点军校博得了"超级骑手"的称号。不过这位"超级骑手"并不喜欢跳舞之类的文娱活动,据说他在四年军校生活中,从来没有参加过

当时遐迩闻名的西点舞会。除了骑马之外，他最大的爱好是读书。他在自传中说，他之所以愿意进这所军事院校，只是为了有机会多读点书，将来好从事教学工作。但是，他的学习成绩平平，1843年毕业时，在全班39人中名列第二十一。由于当时骑兵部队没有军官缺额，这位骑手被分配到第四步兵团当了一名少尉军官。

霉运连连

第四步兵团驻在密苏里州的圣路易斯，格兰特在那里认识了西点军校一个同班同学的妹妹朱莉娅·博格斯·登特。朱莉娅的父亲是当地的一名法官，他对女儿与一名薪饷微薄的低级军官相爱颇不以为然。但朱莉娅对格兰特忠贞不贰，5年后终成眷属。

1846年，美国对墨西哥发动侵略战争，第四步兵团奉命南下作战。格兰特本人并不赞成这场战争，认为这是一场不正义的战争。但他在扎卡里·泰勒将军(后来出任第十二届总统)的指挥下，作战还是努力的。泰勒将军不大注意繁文缛节，对部下比较随和，这些作风对格兰特颇有影响。

1847年，格兰待所属的团拨归温菲尔德·斯科特将军指挥。斯科特也是美国历史上的名将之一，格兰特在他麾下，一直战斗到1848年战争结束，在此期间，格兰特已由少尉晋升到中尉。这场战争丰富了格兰特的作战经验，而且使他熟悉了许多南方将领，对他以后在南北战争中指挥作战很有好处。

格兰特随部队回国后，于1848年8月在圣路易斯与朱莉娅结婚。婚后朱莉娅随军生活。1852年夏天，格兰特的部队调防到加利福尼亚。由于当时从美国东海岸到西海岸横贯大陆的交通不便，部队得乘船绕道巴拿马到加利福尼亚。当时朱莉娅怀着第二个孩子，故未同行，带着刚满两岁的大儿子回圣路易斯娘家居住。

格兰特的部队到达西海岸后，先后在

【西点校训】

做一个真正无畏的人。

加利福尼亚州和俄勒冈州驻防。1853年8月,格兰特晋升为上尉。他远离妻儿,军营生活又很单调乏味,于是不免像当时的大多数低级军官那样沉溺于杯中物,而顶头上司布坎南上校对军官要求又很严。格兰特终于因酗酒而受到了训斥,于是他决定辞职。有的历史书说是布坎南上校要他辞职的,否则他就要受军法审判。

格兰特辞去军职后于1854年8月回到圣路易斯与家人团聚,此后4年他靠岳父所给的80英亩土地务农为生。在此期间,朱莉娅又生了一女一子。低微的农场收入与沉重的家庭负担迫使格兰特不得不另谋职业。

1858年冬天,他弃农来到圣路易斯市内,与人合资经营房地产,但很不成功。1860年5月,他举家迁到伊利诺伊州加利纳,在他父兄经营的皮鞋厂内当雇员。这一阶段是格兰特最不得志的时期,但不久就时来运转了。

被誉为"战争英雄"的格兰特

19世纪50年代后期的美国酝酿着一场巨大的政治风暴,南北分裂的局面正在形成。1860年,主张解放黑奴的共和党人亚伯拉罕·林肯当选为总统,南方各州纷纷退出联邦组成"南部同盟",并于1861年4月向北方发动战争。至此,美利坚合众国完全分裂,南北战争开始。

格兰特原来是支持民主党的。格兰特的父母都是很激进的

【二十二条军规】

军规十二:不断提升自己。

一帆风顺反而可能成为战士成长的阻力,终生学习才能去除自满心态,才能掌握未来;不注意精进战斗技能的战士则会落后于时代。部队要敦促战士参加再教育或资格培训课程,也可以实行自己的战士培训计划。

废奴主义者,然而他的妻子却是拥有黑奴的奴隶主。当年朱莉亚嫁给格兰特,从自己的娘家带来4个黑奴作为嫁妆。直到1863年《废奴宣言》发布,这4个黑奴始终是格兰特家"财产"的一部分。在1859年3月12日,格兰特在给他父亲的信中很坦白地说:"朱莉亚无法好好地生活,如果没有了这些黑奴。"而在1858年至1859年,格兰特自己也买了一个30多岁的黑奴威廉·琼斯。这种情况也导致了他家庭成员之间的矛盾与不和。在1856年11月的总统选举中,他曾投票支持民主党总统候选人詹姆斯·布坎南。他在自传中说:"我很清楚,如果一位共和党人在1856年的大选中当选为总统,那就意味着南方蓄奴州将脱离联邦,并进行叛乱活动。"

但在南北战争爆发后,希望丈夫成名的朱莉娅感觉到,格兰特并不适合经商和做生意,还是应该让他回到曾经为他带来光荣的军队中去。于是,她不厌其烦地劝说格兰特再次从军。最后,格兰特同意了。1861年4月,格兰特自愿帮助州政府做征集志愿兵的工作。当时有人推举他担任志愿兵连的连长,他婉言谢绝了。因为他这次从军,胸怀大志,不甘小就。后来,州长见他在征集工作中很有组织能力,便让他到一个不好管理的营去当营长,他终于接受了。到任后,他立即采取措施加强纪律性,很快把这个营整治得井井有条。6月,格兰特被叶特州长任命为伊利诺伊州志愿军第21团的上校指挥官,不久又把这个团整治一新,奉命开赴了前线。1861年9月,格兰特被破格提升为志愿军陆军准将,司令部设在伊利诺伊州的开罗。次年1月27日,林肯总统发布向南军发起总攻的命令,格兰特率领17000大军在炮舰配合下,沿着田纳西河挺进,2月6日攻下田纳西河上的亨利要塞,几天后又包围了孔伯兰河上的唐纳尔逊要塞。

当时该要塞内的守军兵力雄厚,因此作战极其艰难。格兰特率其部下冒着敌人的炮火连续不停地发起猛攻,南军招架不

【"分而歼之"的战略】

(1)切断南军的交通线,使之不能互相联系;(2)摧毁敌方的一切资源,使敌人后勤供应困难;(3)以优势兵力迅速打击敌人,使其无喘息和改编部队的时机;(4)在战斗中不断消耗敌人的有生力量,使其兵力越来越少。

住,要求停火,派出代表来谈判投降。格兰特断然要求立刻无条件投降。
2月16日,敌人被迫接受,14000多名南军当了战俘。唐纳尔逊战役是联
邦军队在内战中的第一次大捷,格兰特从此获得了"要敌人无条件投降
的将军"的称号。此时的北军在东部战场的情况却很不乐观,在对抗下,
北军陷入了苦战。所以当林肯听到这个消息后很兴奋,当即提拔格兰特
为少将。

格兰特被任命开始组建田纳西方面军,同时结识了他的老乡——威
廉·特库赛·谢尔曼,谢尔曼此时成为他的师长。到了4月,格兰特迎来了西
部战场上最血腥的一次战斗。田纳西方面军在夏伊洛(Shiloh)迎来了他们
的头一次战役。战役第一天,北军显然无法适应南军的迅猛打击,仓促迎
战结果自然是大败而归。而日后,谢尔曼的部队赶到了战场。当南军迅速
向先前溃退的北军追击的时候,谢尔曼出其不意地从斜里杀出猛击了对
方的侧翼。南军遭到了这一出其不意的打击,顿时乱作一团,败退中的格
兰特又趁势大杀回马枪,反败为胜将南军彻底击溃。这和东部战场的困境
同样形成了鲜明的对比。

之后格兰特的主要任务是负责对维克斯堡的围攻作战,这和葛底斯
堡战役一并成为这场战争中最重要的战役,也是他一生最为重要的一次
战斗。围攻部署7月,格兰特首先任命谢尔曼为
菲斯军区总司令,负责对南军的坚强据点威克
斯堡发动进攻。但是由于兵力严重不足,谢尔曼
的攻击并不成功,战局陷入僵持。维克斯堡小城
位于密西西比河中游,大河在此处变得很狭窄,
所以地理位置很重要。控制了维克斯堡就等于
控制了整条密西西比的交通控制权,在战前这
里就是整条河上的交通运输的总转站和中心,
其战略价值极大。

到了1863年年初,格兰特亲自率领部队开

【西点揭秘】

最重要的是，在关键的时候能够坚持原则。

始对维克斯堡展开了围攻作战。他首先将打算援救维克斯堡的南军蒋斯顿的部队挡在了维克斯堡站区之外，集中力量将其打退。之后，再调回头开始展开围攻。他在维克斯堡外挖了两条围攻线——内对垒线和外对垒线——把维克斯堡围了一个滴水不漏，大摆铁桶阵。到了1863年5月，格兰特的部队人数上升到了72000人，火炮248门；此时维克斯堡内南军仅为45000人。同时在密西西比河上，在格兰特的要求下，海军的大批铁甲舰也断绝了维克斯堡的水上联系。就这样，格兰特把维克斯堡彻底包围了，之后就实施粮食禁运，力图困死守军。当然，城中的市民也遭到了同样的命运。而面对南军司令彭贝尔顿让市民离开维克斯堡的要求，同样遭到格兰特的一口拒绝，坚持南军必须无条件投降。北军的炮兵每天不分白天黑夜日日连续对维克斯堡进行不间断炮击，每天只因为炮兵吃饭和补给的要求停止炮击3个小时，其余的21个小时都是无休无止的猛烈炮击。就这样到了1863年7月4日，也就是美国独立日，同样也是东部盖蒂斯堡战役的最后一天，南军在坚守了7个月、弹尽粮绝后终于向格兰特"无条件投降"。

在维克斯堡战役中，和他的伟大胜利相比，格兰特的损失却并不显得很大，他一共损失了9000人左右；而南军伤亡了12000人，另有35000人投降被俘，而城中至少3000～4000名市民由于围困造成的饥饿和炮击而死亡。格兰特还是于1863年7月攻下了这个战略位置极为关键的城市。至此，北军彻底控制了密西西比河流域，进而开始威胁南方的后方地区。

之后格兰特毫不松懈继续推进，在查努罗加突破了南军的防线，进抵了乔治亚州的边境。查塔努加在田纳西州境内，是重要的铁路枢纽和战略中心。联邦军队在市内被南军层层包围，不得脱身。1863年11月，格兰特率大军击溃了围攻的敌军，为翌年夏季联邦军队肃清东南残敌打下了基础。然而在格兰特刚刚取得了这一胜利后，詹姆斯·朗斯特带着他的田纳西方面军从北面长途奔袭近100英里，突然对格兰特的获胜之师发动了奇袭，虽然只有两万兵力,但是却让北军遭到了失败。这也成了格兰特在西部战场上唯一的一次失败。但是之后,格兰特还是依靠自己的兵力优势维持住了战线,稳定了战局。

格兰特是联邦军队中认识到解放奴隶和武装黑人重要性的少数将领之一。他在1863年8月就向政府表示:"我由衷地支持武装黑人的工作。这个工作和解放黑人一样,是对于'南部同盟'的最沉重的打击。"同时,他还比其他将领更深刻地认识到:北方最有利的条件是在人力物力上拥有巨大的优势和潜力,而南方最有利的条件是在内线作战。

格兰特就任联邦军队总司令后,对南军采取了"分而歼之"的战略原则,即:(1)切断南军的交通线,使之不能互相联系;(2)摧毁敌方的一切资源,使敌人后勤供应困难;(3)以优势兵力迅速打击敌人,使其无喘息和改编部队的时机;(4)在战斗中不断消耗敌人的有生力量,使其兵力越来越少。此外,他还调整了作战部队的指挥系统,撤掉一些无能的人,重用一些智勇双全的将领,如谢尔曼、哈勒克等等。

他自己开始率领12万大军在东部开始和由李将军率领的北弗吉尼亚军团作战,他的目标就是占领"叛军"的首都里士满。此时,格兰特更是放言,他要抽打罗伯特·李,打破李这个"南方的神话"。此时李的军团只剩下了6万人,但是他却是格兰特之前没有遇到过的对手。在1864年夏季的科尔德港战役中,南军利用内线防御的有利条件,曾重创格兰特的部队。但格兰特并不气馁,他说:"我……主张在这条战线上一直打到底,即使打上一个夏天也在所不惜。"格兰特非常清楚,即使是这样消耗下去,李也是万万不能和他玩下去的。当时北方政府中有些妒忌格兰特的人对他进行

【西点揭秘】

世界上急需这种人才,他们在任何情况下都能克服种种阻力完成任务。

中伤,说他不爱惜士兵的生命,一味蛮干,并给他取了一个绰号叫"屠夫格兰特"。有人甚至还在林肯面前说他嗜酒贻误军机。为此,林肯曾开玩笑地问格兰特喝的是什么酒,并要他把酒让其他将领也尝一尝。林肯对这员大将相当了解,坚信他能取胜,放手让他指挥作战。

1865年,李终于在格兰特不屈不挠的压力下不得不放弃里士满开始南撤,打算与约瑟夫·约翰斯顿的部队会合。终于,李和格兰特在阿托克马展开了最后的战斗,李的波托马克军团被全面合围,弹尽粮绝,决定投降。双方在互相尊重的气氛中签署了协议。格兰特下令向李提供了28000万份口粮以供解散军队,李连说"太多了,太多了",因为他此时手下只有9000饥寒交迫的士兵,这也标志着历时将近5年的残酷厮杀终于停止了。虽然格兰特之前对李从来没有表现过什么敬意,倒是总对李冷嘲热讽,然而在这次会面中却表现出了极大的善意。他不但答应敌军在宣誓永不拿起武器反对合众国后可以获释回家,而且还接受李将军的请求,允许南军保留战马,因为当时正值春耕,南方需要马匹耕耘荒芜已久的土地。格兰特的宽宏大量,赢得了南北方人民的普遍赞扬。

格兰特的政治生涯

美国内战结束后,南方种植园奴隶主并不甘心他们的失败。他们派人暗杀林肯总统,并准备有朝一日在南方复辟。南北之间企图复辟与反对复辟的斗争从1865年一直延续到1877年。

安德鲁·约翰逊1865年3月接替林肯出任总统后,起先仍很器重格兰特。上台不久,就派格兰特到南方去调查研究,以便制订改造南方的重建计划。

1866年7月,美国军队增添了

【格兰特扬威全国】

林肯总统代表全国人民向他致谢,国会授予他金质勋章。1864年3月,林肯改组联邦军队指挥机构,任命格兰特为联邦军队总司令,并提升他为陆军中将。当时美国军队中尚无上将衔,中将为最高级军官。林肯大力提拔格兰特,是因为他认为格兰特比其他将领更具备指挥全军的才干、胆略和气魄。

上将军衔，约翰逊把第一个上将军衔授予格兰特。但格兰特对约翰逊纵容南方叛乱分子的做法有很大保留。1867年8月，约翰逊因陆军部部长斯坦顿与他意见不合，想免去斯坦顿的职务，但遭到参议院的抵制。于是他就运用总统权力下令停止斯坦顿的职务，并任命格兰待为临时部长。1868年年初，参议院正式拒绝总统要求免除斯坦顿陆军部部长的职务，格兰特就辞去了临时部长职务。约翰逊公开指责格兰特此举是对总统不忠。格兰特愤然转到共和党激进派一边，并参加了对约翰逊总统的弹劾运动。弹劾运动虽然失败，但约翰逊已名誉扫地，不可能参加当年的总统选举了。究竟推举谁来当总统呢？这是1868年美国大选中的一大问题。共和党内很多人看中了在内战中立下赫赫战功的格兰特，认为由格兰特这样有名声的人出来竞选，一定会有很大的号召力。但也有人不以为然，认为格兰特一无施政经验，二无明确的政治纲领，特别是他对当时最重大的问题——南方重建问题态度暧昧。

1869年3月4日，46岁的格兰特出任美国第18任总统。这位在战场上叱咤风云的将军，在高个子的美国人中看是矮子。他有一头卷曲如波的棕色头发，嘴唇微薄，双手娇嫩，十指细长，长着一脸络腮胡子。可能由于经历的缘故，他体格健壮，肌肉发达，举止利落，谁看了都会觉得他是个职业军人。

格兰特当政之初，改革者对这位超越政治的总统寄予希望。格兰特似乎也想就文官制进行改革。格兰特和所有白宫的新主人一样，对讨官者大为烦恼。格兰特曾经说过："任命官职的权力是总统职务的祸根，在这个国家里，没有一个人比总统更渴望进行文官制度的改革。"但是格兰特在这个问题上的表现好坏参半，他让财政部部长乔治·休厄尔·鲍特韦尔，内政

部部长考克斯和司法部部长霍尔在各自的部里实行公平考试来确定某些职务的提升和任命;在1870年提交国会的年度咨文里,格兰特敦促制定改革立法,两院做出了联合决定,授权总统成立一个委员会,为文官制定新规则。格兰特任命了《哈泼周刊》编辑乔治·威廉领导这个委员会。委员会推荐各类竞争性考试作为取得各级文官职务的必要条件,并敦促取消政党对工资的核定。格兰特下令于1872年起实行这些规则。但国会拒绝拨给足够的经费,使该委员会不能有效地推行新规则。只有少数一些政府部门采用了某些规定,在格兰特的任期内分赃制没有得到彻底改革。

格兰特面临的最大问题是,如何处理南方叛乱诸州政治地位的问题。内战结束后,南方诸州都由激进的共和党人把持。他们支持给予自由民以公民权和选举权。19世纪60年代后期,激进的共和党人在南方开始失势,他们中的很多人被民主党人所击败。但民主党人根本就不想给予自由民任何权利。

激进共和党人在南方最早失势的是弗吉尼亚州,弗吉尼亚州的变化是以和平方式进行的。其他各州就不是这样了,田纳西州、佐治亚州和北卡罗来纳州,民主党人用威胁和暴力手段赢得选举。这些选举通常由三K党人领导。

内战结束后不久,三K党在南方诸州相继出现。1871年,共和党国会议员要求制定法律取缔三K党。一个以共和党人为首的调查委员会成立了,该委员会调查三K党在南方诸州的行为。他们听取了大量有关三K党的恐怖行为,三K党的这些行为为起草一部控制三K党的法案提供了帮助。几经辩论之后,国会通过了该法案。这部法案授予总统在南方各州实行军管的权力。民主党人指责这项法案的目的是为了确保共和党在南方的权利。格兰特根据该法案很快行动了,他宣布在南卡罗来纳州的大部分地区实行军管,

【人物揭秘】

共和党当时没有其他合适人选,所以格兰特就顺利地当上了该党的总统候选人,并在选举中轻易地击败了民主党对手霍拉肖·西摩。

数千人被捕,他们将在联邦法院受审,陪审团主要由自由民和激进共和党人组成。

【揭秘三K党】
　　三K党是一个由白人组成的地下恐怖组织。三K党人认为白人优于黑人,他们身穿蒙面衣,破坏共和党人的会场,威胁、殴打和杀害黑人,迫使黑人远离政治,他们对那些帮助黑人的白人也采取恐怖行动。

格兰特在组织内阁和安排亲友的问题上,同样犯了一系列错误。他选择退出政坛20年的汉密尔顿·菲什为国务卿,实为糊涂和无可奈何;他选拔的三任财政部部长,要么是不合法,要么是贪污犯,要么是行贿受贿能手,唯一优秀的战争部部长约翰·罗林斯却英年早逝。在亲友的安排上,他采取了典型的任人唯亲的做法。本来,格兰特在家族中曾经一度是不讨人喜欢的败家子,当选总统后便被奉为至尊。有些原来曾嘲笑他的亲友,现在却反过来要他委以重任。格兰特的妹夫詹姆斯·凯西担任了令人羡慕的海关税务官,趁机大发其财。格兰特夫人的家人朱莉亚·登特掌管了就业管理局的大权,受贿肆无忌惮。登特家族的其他几名成员,也是在格兰特的帮助下在公共机构重任要职。格兰特的两个儿子,分别在军队和银行任重要职务。

在格兰特任职期间,其他方面的丑闻也是数不胜数。美国人认为,最大丑闻有五项。

丑闻之一:黑色星期五事件。两个投机商詹姆斯和杰伊计划垄断黄金市场,为了确保政府不会通过抛售黄金来挫败他们的计划,他们雇佣总统的妹夫贝尔·科尔宾对白宫施加影响。在他们的精心安排下,人们看到他们在一艘豪华游艇上宴请总统,于是许多人误以为格兰特和这两个人是一伙的,此计得逞以后,两个奸商就开始大量地购买黄金,使每盎司金价在4天内长了23.5美元。这时格兰特意识到他上了当,于是命令财政部抛售了400万美元的黄金,结果造成了金价暴跌。人们称这一天为黑色星期五,就是在星期五这天,许多投资者和一些企业因大量购入黄金而破产。

丑闻之二:信贷公司行贿事件。信贷公司的官员曾在联邦资助建造联

【揭秘人物】

政治批评家抱怨说，格兰特一家是"一人当政，鸡犬升天"。

合太平洋铁路的过程中非法掠取超额利润，为了阻止对他们非法活动的调查，他们把股票以大大低于市场的价格出售给一些有影响的国会议员，在这个行贿案中充当该公司代理人的是共和党议员奥克斯·埃姆斯，被指控接受股票的人中有众议院议长、后来任副总统的斯凯勒·科尔法克和当时的众议员、后来成为总统的加菲尔德。这件事在1872年的总统选举中被揭露出来，成为对手攻击格兰特的一颗重型炮弹。

丑闻之三：威士忌酒集团案。1875年，财政部部长本杰明·布里斯发现，有将近数百名酿酒商和联邦官员根据一个密谋把数百万美元的酒税装进了自己的腰包。格兰特得知此事勃然大怒，命令检察官们要迅速查处，不让一个有罪的人逃掉。可是不久格兰特的私人秘书奥维尔·巴布克被证明卷进了这个丑闻，格兰特口气软了下来，并且开始给巴布克求情，试图让他的私人秘书逃脱罪责。在这桩大丑闻中有110名参与密谋者被证明有罪。

丑闻之四：陆军部部长贿赂案。1876年，陆军部部长贝尔纳普被指控

每年接受许多印第安贸易商的酬金。开始还是他的
妻子来收取酬金,在他的妻子死后,贝尔纳普干脆
开始自己收钱。在参议院的审判开始之前,他知趣
地辞去了部长职务,这才避免了弹劾。

【西点揭秘】

只要充分相信自己,
没有什么困难可以足够
持久。

接二连三的丑闻使格兰特名声大损,因为在这
些方面他也有不可推卸的责任。他对经济一窍不通,同样引起了选民们
的极大反感。在1874年的国会选举中,尽管格兰特的支持者还想推举他
当总统候选人,但格兰特决计不再参加第三次总统竞选。在最后一次给
国会的咨文中,他坦率地承认:"没有任何搞政治的经验就被选为总统,
这是我的幸运,也是我的不幸……"

当然,格兰格任期也并非毫无政绩。虽然他面临战后财政捉襟见肘的
窘境,但力主大赦"叛乱"者,重建饱受苦难的南方,并给南方各州带来了
一定程度的政治民主。在外交上,他执行"中立政策",集中精力处理美国
国内事务,当时正值美国工业革命时期,美国的制造业和石油业都得到了
显著的发展。另一项成就就是在南方建立了黑人白人同校的公立学校。它
受到暴力、贪污腐化、纳税人的反抗和民主党人的反对活动的猛烈冲击。
但是,它没有夭折,它成长了起来,给自由民带来文化,并把现代教育体系
带到了南方。

纪念格兰特

格兰特在卸任后的两年多时间
内漫游世界各地。从1877年5月到
1879年9月,他带着夫人和最小的儿
子先后到欧洲、非洲和亚洲各国访
问,游遍了英格兰、比利时、德国、瑞
士、意大利、丹麦、法国、埃及、巴勒
斯坦、挪威、俄罗斯。他是美国历史

【揭秘人物】

时财政部部长威廉指定约翰·桑伯恩为特
别代理人,负责征收拖欠税款,根据私下的协
议,桑伯恩所收取的手续费高达所征税款的
50%。众议院在1864进行的调查,表明桑伯恩共
收取了40多万美元的欠款,他得到了其中的一
半左右。这场丑闻导致了财政部长的辞职。

上第一个远涉重洋访问非洲和亚洲的卸任总统。他在亚洲访问期间，曾到过印度、泰国、中国和日本。1879年，他在天津与清直隶总督兼北洋大臣李鸿章相晤。格兰特回国后不久，又于1880年访问拉丁美洲加勒比海地区和墨西哥等地。所到之处，各国政府和人民群众都把他当作美国自由战争的英雄。

格兰特风尘仆仆环游世界，除了观光游览，主要是想借此机会宣扬名声，企图东山再起，参加1880年的总统选举。1880年6月，共和党全国代表大会在芝加哥召开，格兰特在第一轮投票中得304票，但党内反对他的力量捧出了詹姆斯·加菲尔德，经过35次投票较量，他被击败，格兰特是美国历史上第一个想三次出任总统的人，但以失败而告终。

格兰特落选后退居纽约，从事银行投资业。但这一次又像他在战前的几次尝试一样遭到失败，全部财产亏损一空。穷困潦倒的格兰特不得不靠变卖内战时期的纪念品度日，他甚至把最心爱的军刀也卖了。出于对这位年迈将军的怜悯，某剧团主持人P.T.巴纳姆提出，如果格兰特允许公开展出他的战利品和从世界各国领袖们那里得到的礼品的话，那么他将付给格兰特10万美元和一部分门票收入。巴纳姆的这一建议被格兰特拒绝了。美国国会为了照顾这位在内战中立下功勋的名将，于1885年3月通过一项特别法案，恢复格兰特的退役陆军上将职位，领取全部上将年俸。他这时

已经得了喉症，但不顾疾病，凭着一位老军人的坚强和勇气，挣扎着坚持撰写回忆录，以还清他的债务，供养家庭。他和死神赛跑，直至逝世前4日方告完成。回忆录在他死后出版，为他的遗孀赚得了45万美元稿酬。这在那个时代是一笔巨大的款项。

格兰特享年63岁，葬于纽约市，下葬的时候有100多万人给他送行。格兰特去世后，美国为了纪念这位历史人物，建造了格兰特将军国家纪念堂（General Grant National Memorial）。纪念堂地面摆放着尤里西斯·辛普森·格兰特（Ulysses Simpson Grant）和他的妻子朱莉亚·登特·格兰特的石棺（Julia Dent Grant）。这座建筑有46米高，花费600万美元，于1987年建造。他的坟墓在曼哈顿区的哈得孙河畔。墓碑上刻有他那句有名的格言："让大家安享和平。"1896年李鸿章访美时，曾在墓旁植树一棵，并立碑纪念，至今树碑犹在。

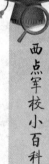

西点军校小百科

西点人认为那些不识时务只知斗一时之气的人绝对算不上英雄。一个能屈能伸、能进能退的人，才是有大智慧的人。行军打仗要讲究进退有法，切忌一味好勇斗狠。

军人在面对困难时要有勇气，但绝不是指要逞匹夫之勇。蛮干只是莽夫的不理智行为，而真正的勇者要在理性的指导下。"明知不可为而为之"是一种心智品质，要讲究激发潜能、运用智慧、寻找方法解决问题，而不是不撞南墙不回头的无知。

第三章 　 精英教育法则

西点军校培养学员坚持理论与实际相结合,他们认为,一个人即使有再高的理论水平,如果不能投身到社会当中,也是没有任何意义的。因此西点一贯主张,在工作中学习,在学习中进步。

第一课　不平凡的历史

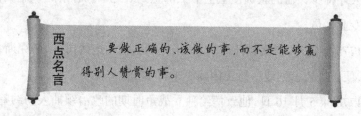

西点名言

要做正确的、该做的事，而不是能够赢得别人赞赏的事。

西点军校的历史渊源

千军易得，一将难求。这是古今中外早已有之的军事人才思想。19世纪初著名的军事理论家克劳塞维茨在《战争论》中就专门论述了军事天才的作用和培养。关于军事人才的培养教育的办法，一种是在战争中学习战争，一种是院校培养、在实践中锻炼。

科学技术进步带来了战争方式和军队组成的变化，传统的以老带新式的军官培养方式已不能适应形势的需要，所以近代许多国家都重视通过院校培养军官，这样有利于军官的专业化、知识化、职业化，可使他们尽快地掌握军事科学技术。

战争形态的变化呼唤着西点军校的诞生。在18世纪的时候，美国陆军的训练基本上在部队中进行，更确切地讲，在1775年独立战争前，美国人没有自己的军队，因为它只是英国的一个殖民地。

1607年，英格兰人在弗吉尼亚建立起了通商要塞詹姆斯城，随后在北美沿岸建立了13个殖民区。此时，英国正处于产业革命的高潮中，极需

从世界各地,包括北美大陆攫取原料和廉价劳动力,加紧推行奴役殖民地的政策。

哪里有压迫,哪里就有反抗,北美人民于1775年4月19日凌晨,在波士顿郊区莱克星顿,打响了北美殖民地人民反英革命的第一枪;北美建立了"大陆军",任命乔治·华盛顿为总司令,开始了历时8年的独立战争。

在整个战争期间,华盛顿将军指挥下的美国大陆军英勇无畏,但苦于军事人才稀少,血的教训使上上下下都感到缺乏训练有素的职业军官和炮兵专业人员。

1775年年末,华盛顿任命亨利·诺克斯上校为炮兵司令,诺克斯上任伊始,便积极要求创建一所美国陆军军官学校。

1776年5月16日,他致信给独立战争时期的政治领袖人物约翰·亚当斯,提出为适合条件的青年建立军校,亚当斯赞同他的意见并请他提出建立军校的具体计划。然而,在战火纷飞的年代,面对着强大的英国殖民主义敌人,北美人无暇他顾。

独立战争胜利后,美国国内百废待兴,建立军校的事也就被搁到了一边。1794年5月9日,国内通过一项议案,阐述了创办军校的思想,但是国会内部意见不一,加之国家财政困难,此事也就被一拖再拖。亲自指挥了独立战争的美国第一届总统华盛顿,对经过专门训练的技术人员和军

官对夺取战争胜利的重要作用是再清楚不过了,他说:"我一直认为这样的一所学校对国家来说是必不可少的,它与国家的命运休戚相关。"1799年12月12日,已卸任两年多的华盛顿,给美国财政部部长亚历山大·汉密尔顿写了一封信,专门提到了建立军校的事。两天后,

华盛顿不幸病逝,建立军校的事竟成了前总统的临终遗愿。

但无论如何,通过军校培训军官和专业技术人才,已成为美国政府和军方许多有识之士的共同主张。他们认为,创办进行正规训练的军官学校是很多国家成功地采用的应急措施。

无论一个国家的总方针是多么爱好和平,但任何时候都不可缺少应付紧急情况所需要的丰富的军事知识;战略战术是一门科学,需要事先培养和系统学习;掌握最新、最完善的战略战术对一个国家的安全永远是至关重要的。

1802 年,新当选的总统托马斯·杰斐逊在国会的一项提案上签字,支持在纽约州西点创办美国陆军军官学校。该提案并不像人们想象的那样条理清楚,只是赋予驻扎在纽约州附近西点的一支工兵部队一项新的任务,即"还应建立一所陆军军官学校;工兵总监兼任军校校长;陆军部部长被授权购买必要的教学物资";并明确规定这个学校包括 7 名军官和 10 名学员。同年 7 月 4 日美国独立纪念日这天,美国陆军军官学校正式成立。西点军校终于应运而生了。

刚刚成立的西点军校,条件异常简陋,以至于 5 年后,年轻的西尔韦纳斯·塞耶回到他曾服役过的西点时大吃一惊——旧营房空空荡荡,在东部只有贫困潦倒的人才会像西点学员这样,睡在粗糙的松木地板上窄窄的褥垫上。有一处可以被称为学员餐厅的地方,由于条件太差,学员们被允许在附近他们觉得合适的地方搭伙,一名在西点阵亡的军官遗孀,还有一名古怪的老头,都成为学员选择的搭伙对象。

学校的教学人员缺乏,所学的课本粗浅简单,如"赫顿的教学",连华盛顿村的小学生都在学;"谢勤的炮兵学",写了一些新的词汇,但只是需要记忆,没有什么提高的意义。

西点的值班军官很少,学校没有像样的等级制度和明确的管理制度,学员生活不规范。上课时间只有每年的 4 月到 11 月,整个冬季学员放假,西点空空如也,寒风瑟瑟,枯枝败叶,一派凄凉萧条景象。

1808 年 3 月 14 日,负责学校的乔纳森·威廉斯在给陆军部部长的信中毫不客气地指出:"学校处在现在这个状况,像个弃儿,勉强生存于荒山之中,寄养在人烟稀少的远方,几乎不为其生身父母所知。"

西点军校第一任校长

西点军校的第一任校长乔纳森·威廉斯,是位未穿过军装的科学家。

乔纳森·威廉斯的叔父是美国著名的资产阶级政治家、闻名世界的《独立宣言》和美国宪法的起草人之一富兰克林博士。20 岁的威廉斯就开始步入政坛,并于 1775 年作为富兰克林的官方代表留在法国。在那里,威廉斯钻研了法国的军事设防和军事科学。返回美国后,认真研究了数学、植物学、医学和法律。

以后,威廉斯结识了包括 1801 年成为美国总统的托马斯·杰斐逊。虽然威廉斯从未穿过军装,但是刚刚宣誓就职的杰斐逊总统在 1801 年 2

月,毫不犹豫地签署命令,任命他为驻在西点的第二炮兵团少校,并负责筹备军校。

作为一名科学家,威廉斯校长上任后,立即招聘了一支教职员队伍,使西点一开始就建立在正确的学术基础上,为今后西点军校始终保持浓厚的学术空气甚至在一些学术领域处于国内院校领先地位开了个好头。威廉斯校长的治学理念突出体现在"三个重视"上面。

重视数学教学。威廉斯强调,西点学员在校必须学习大量的数学课程,因为数学计算是当时工兵和炮兵军官必须具备的技能。1908年,一个专门研究课程设置的委员会报告说:"数学课程的学习是西点军校毕业生成才的原因。"数学使人精密,西点军校进行的数学训练是学员掌握所有技术技能的主要因素。

有许多人在新知识、新技术面前一筹莫展,其主要关键就是数学基础薄弱,这一点在21世纪信息时代显得更为突出。西点正是通过强化数学教学,使学员具备很深的逻辑思维能力,可以迅速理解不熟悉的事物,可以锻炼把握事物准确性的技能,从这个意义上讲,学习数学是智力训练的一种手段。

通过数学课教学培养起的思维方法,不但在军校生活中得到加强,而且到陆军部队后仍在继续得到发扬和巩固。数学是构成人们知识素质的最重要的基础学科之一,当我们了解了西点军校重视数学的历史后,就不难理解21世纪的今天,美军为什么要强调筹建"数字化部队"了。

重视外语教学。18世纪的美国许多院校,都开设拉丁文和希腊文课程,西点军校也是这样。学习这样一种实际用途不大而又艰涩难学的语言,其理论基础在于"它能锤炼意志"。一些教育学家,包括西点军校的许多人都认为,学习这些语言可以得到智力上的训练,并会产生"知识转移"——一个学生可将其掌握的某个领域的知识(如拉丁文、数学),转移到与此毫无关系的领域中。这种理论认为,可将人的大脑比作肌肉,教育就是为了改善一个人的大脑肌肉强度和力度的智力训练形式。

重视示范教学。西点军校教室看起来更像是新型大学里的学术讨论型教室。除了闭路电视和投影仪,突出的就是学员课桌由金属和类似硬塑料的物质做成,

在教室里呈 U 字型排座,U 字型的缺口正好对着教员所用的讲桌。

这样容易得到轻松、平等、座谈讨论般的学习效果。西点教官的示范作用在教学中起着很大的作用。他们一般均为美国陆军的男性职业军官,在学员眼里,他们在一年中的多数时间,身着绿色军礼服,脚穿锃亮的黑色皮靴,胸前佩戴着姓名标章及自入伍以来获得的战斗勋章或服役奖章。

西点校方认为,每位教官不仅仅是教官,而且还是学员的职业模特,一定要在各方面为学员做表率。一般的学员都有这样的心理:一位没有学过哲学的教官,只要上级下令,他同样可以讲授哲学通史,同样一句话,从不同的教官嘴里说出,其作用和反应就会截然不同。

一位胸佩着各种奖章的、曾经在部队任过连长、参谋的教官,对学员说:"英语语言和英美文学对一个军官来讲是十分有用的。"而同样的话如果让一位文职教员来讲,可能效果就要差得多。

因此,西点军校多少年来,一直坚持从部队选调优秀的军官担任教官,并在教官言于律己、以身作则方面做出许多规定。这样做,突出了军校培养职业军官的目的,明显有赢得学员尊敬、增强教学效果的作用。

西点军校小百科

西点军校的约翰·科特上尉说:"勇敢地面对挑战,并且大胆采取行动,然后坦然地面对自己。检讨这项行动之所以成功或失败的原因,你会从中吸取教训,然后继续向前迈进,这种终生学习的持续过程将是你在这个瞬息万变的环境中的立足之本。"虽然西点是最好的军校,在这里能接受最好的军训,但是他们仍有很强的危机感。不被社会认可或被淘汰掉,这不仅是学员自己不能忍受的,也是西点军校不能接受的。因为,西点只意味着成功和进步。

第二课　教学思想和课程设置

西点名言

在好规则面前，懂得捍卫和遵守，生活中才会享受更多的明媚阳光。

　　教育思想和办学方针是一个学校的灵魂，课程设置是实现教育思想的关键所在。

　　1973年对西点军校的学员普查表明，85%的人选择西点军校是因为它具有极好的教学大纲，越来越多的人表示西点军校的主要魅力是它的"教育质量"。

　　在20世纪50年代，人们选择西点军校的原因主要是为了从事军人这个职业。西点之所以能够形成如此吸引人的教学大纲，与200多年来校方的辛勤努力和不断摸索是分不开的。

　　西点军校的使命是：教育、训练和培育学员，使每一个毕业生具备一名陆军军官所必需的性格、领导才能、智力基础和其他方面的能力，以便模范地为国家效力，不断进步，继续发展自己。在学员四年的学习生涯中，一个压倒一切

的原则就是:达到最佳,在德、智、军、体等方面都要达到最佳。

道德发展方面。西点学员必须在其性格特征方面具备以下道德品质:大公无私,责任心,富有能力和勇气,诚实而公正,忠实可靠,正直而富有同情心,聪明而富于想象,能尊重他人。无论接受什么命令都能自觉执行。

西点军校公开承认,它负有在思想上和行为上促进其学员道德发展的义务。学校将选择并坚持基本的社会准则,以供学员在自我发展中塑造自己的道德形象,使之成为所有军官都引以为自豪的标准。

每一名学员必须清楚地认识到国家希望自己成为怎样的人,有什么样的职业要求,违背了这些基本的社会准则,就是践踏西点军校的根本精神。为了实现这一目标,学员必须学习伦理知识,必须懂得军事职业的价值标准,必须了解人类行为基础的心理过程,必须懂得尊重人格,必须学会处理好法律与道德之间的关系。

为此,西点军校在不同年级设置了不同的课程:一年级有军事传统与职业行为标准和普通心理学两门课;二年级主要是学习哲学课,培养学员的独立抽象思维能力,考察道德判断的性质和规则;三年级学习法律和军事艺术史;四年级设置了军事领导艺术和美国的机构等两门课。

此外,在选修课程中,还设置了政治哲学、战争与战争哲学家、西方伦理学史、人类发展和法律原理等课程,以加深他们对伦理道德知识的掌握。

智力发展方面。西点军校要求达到的目标:一是高水平的智能、精神承受力、带有理性的勇气和正直、责任心和主动性。二是受过良好的教育,了解世界,了解美国社会及其军事制度。三是具有在漫长的服役生涯中不断提高知识和职业水平,对事业锲而不舍的基本素质。

实现智力发展计划的课程设置情况如下:核心课程由两部分组成:一

是自然科学和工程科学的基础和应用方面的课程，其目的是为了使学员了解世界不断发展的科技领域和现代武器系统；二是人文社会和行为科学课程，旨在帮助学员了解本国文化和外国文化，从中领会国内与国外事务之间的内在联系及区别。

范围更广泛的高级课程和选修课程，还鼓励学员把精力部分地集中在他们特别感兴趣的领域内。

为帮助学员确定自己的选修课目，从而形成不同的专业发展方向，西点军校把已开设的358门选修课，按不同的专业要求编成若干课程组，即研究领域或主攻方向。

每一个主攻方向都有12门课程，它们以某一学科的课程为主，适当搭配与这一学科有关的其他学科课程。主攻方向与陆军部队中的职业的专业分类相一致，使学员毕业后即可成为具有某一领域专业知识的职业军官。

军事职业发展方面。西点军校是以培养美国陆军职业军官为办学目的，美国人自然主要指望西点在军事上做出贡献。

因此，西点军校要求学员必须掌握必要的军事技术，懂得陆军在战斗中的作用及其运用方法；牢记美国职业军人的道德规范和行为准则，并要严格、模范地遵守这些规范和准则。

军事职业教学包括理论教育和野外训练两部分。理论教育共开设6门课，即军人职业教育、地图辨读与小分队战术、诸兵种合同战术、地形分析、陆军系统管理和陆军服役指导。

野外训练安排在每年的夏季，共30周，要求学员不但要体验陆军士兵的生活，而且要从更高的角度去认识理解它。其具体课程包括：第一学年的军人礼节、言行举止、着装、队列教练、分列式、长途行军、登陆演习、射击

和战术演习;第二学年的步兵战斗、炮兵射击、各种武器的使用与操作、攀登、军事工程作业、野战通讯和生存训练、游泳、划船和驾驶帆船;第三学年的领导管理训练;第四学年主要是负责二年级及新生的基础训练,锻炼担任分队领导的能力。

体能发展方面。体育运动教育在西点军校的整个教育计划中,与文化教育、军事教育占有同等重要的位置。学校的要求是:每个学员都是运动员,每个运动员都要奋力拼搏。

学校要求学员每人都要成为某项运动的运动员,必须参加一项运动的校代表队,或参加专项运动俱乐部锻炼。学员要学习8门体育理论课程,内容包括体育基本原理,身体素质基础训练,运动技巧及运动、竞赛的组织、领导和教练等。

西点军校要组队参加31项校际运动竞赛,共有26个校级体育运动代表队。学校建立有24个体育运动俱乐部,每周一到周四下午可以在校内各个运动场进行多种体育活动。

这种广泛开展的校内体育运动既能锻炼学员的领导能力、调整协作关系和增强体质,又能使学员精神焕发、情绪高涨,从中享受运动带来的乐趣。

西点军校小百科

西点军校成立之命令签署人汤玛斯·杰弗逊说:"每个人都是你的老师。"西点的每一门课程,授课老师在其专业领域都是具有实务经验的。教授军事历史的老师是亲自参与过军事行动、创造历史的人;国际关系的老师就来自于外交界;教作文的老师,也是派驻过全球各地,担任过多年公关幕僚的军官。这些教师带来丰富的实务经验,与理论相辅相成。

第三课 "兽营"训练法

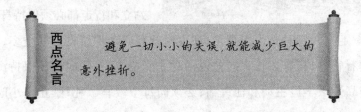

西点名言

避免一切小小的失误,就能减少巨大的意外挫折。

管理出效益,管理出战斗力。西点军校以自身的例子,证明了这一论断。一位专家评论西点军校:"西点的教育体系是自有人类以来设计安排得最科学的体系;西点军校是一部机器,各种各样的原材料,在这里经过短短 4 年的加工、翻砂造型、检验测试、压印'商标',便成了全世界公认的合格产品。"这句话比较形象地概括了西点军校的管理特点。

严格甚至是苛刻的管理是西点教学的重要内容。塞耶自 1817 年到校任职后,始终坚持严格管理的原则。为了根治管理松弛的毛病,塞耶制定了 6 条惩处措施,成立军事法庭,对个别冒学校之大不韪的学员给予严厉的处罚,以求杀一儆百。

1832 年,一名叫诺里斯的学员多次不服从命令,受到塞耶的严厉批评。诺里斯竟将小报告打到了总统杰克逊那里。不了解真情的总统龙颜大怒,宣布诺里斯在西点军校想干什么就干什么。为了惩戒诺里斯的严重违纪行为,塞耶通过军事法庭审判,将他开除了。不畏权贵的塞耶,给西点军校奠定了一个严格管理的好基础。

为了迅速地完成从老百姓到军人的转变过程,同时淘汰不合格者,西

点军校规定了严格的一年级新生制度。通过严格的管理训练，使新学员了解、熟悉并适应紧张的军人生活，为今后的训练打下良好的基础。

新生从入学的第一天起，就受到各种规章制度的约束。站立和行走都必须保持身体正直；行走间转弯时必须走直角；在食堂就餐必须保持良好的坐姿，两眼低垂看餐盘，只有在长官同他说话时才能抬起头；平时必须保持沉默，除非高年级学员主动和他讲话，必须向每个教官敬礼；禁止去小吃部，只能在校内规定的区域内活动，如营房、食堂和健身房，甚至周末也不许外出，等等。

新学员只有在不许上插销的自己的寝室里才能放松一下。有些人由于忍受不了军纪的约束而退学，这部分人每年占新学员的30%左右；真正有志献身军职的学员则在严格纪律的管束下受到锻炼。

西点军校的严格管理是以"兽营"为代表的，"兽营"就是其代名词。"兽营"原是特指新生入学第一学年的野外训练，但实际上，它却贯穿于学校教学的始终。

"兽营"是特指第一学年8周682个课时的野外军事训练。野营训练包括在野营过程中进行夜间战斗、战术疏散、野战卫生和战术供给等科目。大量的练习课用来在各种地形上的行军训练，行军过程中，还要组织刺杀训练、徒手格斗。

这些看起来好像没有什么可恐怖的，但是实际上确实令人心颤。"兽营"是可怕的磨炼。"兽营"训练设计了一些残酷的仿真训练，包括真正的拷打、挨饿和人身羞辱。在"兽营"里，高年级学员有时要强迫新学员替他们做一些卑下的、毫无意义的，甚至是带有侮辱性的事情。稍有不服，则会被命令去做更为剧烈的运动。

在 20 世纪 50 年代,还有着整队淋浴,赤身裸体,面对面地按照口令来回地搓对方身体;接着,要求给新学员用 30 秒的时间打肥皂,30 秒钟冲洗干净并结束淋浴——这个过程被人称为"最丢人的经历",有的新学员感到精神崩溃。

自 1976 年西点第一次接收女学员后,还曾经加有模拟被敌方捕获、遭到强暴等项目,让女学员简直无法忍受。到了结业那天,一个个不成人形,憔悴不堪,眼睛深陷,完全像战俘模样。

历年的情况证明,第一学年最高的退学率出现在入学后的野外训练阶段,"兽营"的确动摇了许多学员进一步在西点待下去的念头,每年大约有 15% 的新学员在入学 3 个月后相继退出西点。

这种"兽营"训练有没有必要,一直是校内外有关人士争论的话题。不论结果如何,"兽营"仍旧保留了下来,只是对其中一些恶作剧式的行为予以纠正。因为"兽营"对于西点军校培养优秀陆军职业军官的宗旨来讲,确实有着十分重要的作用。

淘汰弱者的作用。可把一些动机不纯或根本不具备陆军军官素质的人剔除出去。西点军校是美国以至世界闻名的院校,名声响亮,待遇优厚,学员享有薪金,政府培养每一位学员要花 20 多万美元。有名有利,可能是许多人愿意报名的原因。

西点第一学年的"兽营"的作用就是要把这些动机不纯者剔除出去,以保证职业军官的素质。"兽营"给予学员来自体能和精神的双重压力。有人认为,"兽营"训练计划的大部分内容是对身体进行调节,不能适应这一套的人主要是吃不消

这里的体罚；在这里，基本不存在智力方面的挑战。

但也有人认为，"兽营"的挑战完全是来自精神方面的，学员在接受身体方面训练的同时，真正的战斗在自己头脑里——还能不能承受住如此残酷的体能训练？为什么要平白无故地受此磨难？为什么不选择一个不必这么吃苦的职业？等等，无时无刻不在进行着思想斗争。应该讲，"兽营"给人的压力是双重的。

激发潜能的作用。能够最大限度地调动学员的内存潜力。一些经过"兽营"训练的西点学员说："兽营"对学员主要观念的形成和发展所起的作用非常之大，就此而言怎样估计也不会过高。

在目前美国的物质生活条件下，军校学员都是高中甚至是大学出身，他们最显著的特征就是对自己的学业和生活持有一种玩世不恭的态度——这与军人这一职业所承担的保卫国家安全、承受血与火的考验这一要求，是水火不相容的。

在确定学员资格时，无论是政府官员推荐，还是各种智力测验，包括计算机辅助筛选，都不能起到"兽营"训练的独特作用。

一位学员说："要求我快速更换衣服，我确实达不到在 30 秒钟内换完衣服，但是为了达标，我在拼命地进行上百次的重复，在外界的压力下，我在从事着好像并没有什么意思的事。但是再咬咬牙，鼓起勇气，也就过来了。"

另一位军官说："我在'兽营'学到的东西对我后来在战场上的价值是无法估量的。在战场上，许多事情并不是你说干不了就可以不去干的——西点军校'兽营'也有这种效果。在战场上，有时遇到困难和痛苦，我就想起了'兽营',我感到我的身体承受力和心适应能力,都是在那时提高的。"

培养品质的作用。这对军旅生涯,尤其对适应战争环境非常有益。军人这个职业就是为了战争和消灭战争,在战争中取得胜利。战争是人为活动中最为严峻和残酷的,远非一般人或一般的训练所能够适应。

一名训练有素的合格军人意味着能在战争中自下而上并赢得胜利,平时多流汗甚至流血,战时才能少流血或不流血。和平时期训练合格军人必须从难从严点滴做起,必须模拟战时的物质和精神方面的多种环境,以养成的能够适应战争环境的良好习惯。

大多数西点毕业生到部队工作后,都喜欢强调实干精神和战备状态,这些无疑都是在西点军校养成的好习惯,尤其是"兽营"对这种习惯的形成起到了刻骨铭心的作用。

在"兽营"里,无论是自觉还是不自觉,每个学员都要具备"当机立断"和"如何生存"的素质和能力,这些都是战争环境中可贵的品质。德怀特·D.艾森豪威尔应该是西点人最值得自豪的人之一。

他1915年毕业于西点军校,二战开始前业绩平平,二战爆发后便开始走向辉煌。1939年晋升准将,1941年晋升少将,1942年晋升中将并被任命为欧洲战区美军司令,1943年晋升上将。他成功地组织了北非战役、西西里岛登陆战役和诺曼底战役,并辟了欧洲第二战场,与苏联红军东西夹击,完成了粉碎德国法西斯的使命。

战后他任陆军参谋长,1950年任北约最高司令,1952年成为美国总统,1956年再次成功连任总统。关于他的母校,艾森豪威尔说过一句话:"在西点,随时随地都可能犯错误。"这几乎成为描述西点

的一句名言。

事实上，他本人在西点就读的经历也证明了这一点。他的学习成绩一般，品行在 164 名学员中列第九十五位，因诸如抽烟或拖拉等各种小过失，受到许多次记过处分。有一次，他因无视警告仍带着舞伴乱转被从军士降为二等兵。当他成为一名优秀的橄榄球中卫时，因在 1912 年的一场比赛中膝盖受伤，被永远禁止打橄榄球。

"随时随地都可能犯错误"，其主要原因：一是西点有严密的管理体制，管理与被管理、监督与被监督的渠道很多，使学员无论什么时候总有人管。二是西点的"清规戒律"约束学员的一举一动，从课内到课外，从思想到行动，从学习到娱乐，稍不留神，就会触犯某个条文。

吃饭就餐的规矩。就餐的时间到了，学员们整齐列队进入餐厅，一声令下，同时坐下。每次用餐，学员都必须在指定的位置就坐。用餐时腰杆要挺直，目不斜视，只准看自己的盘子，并始咬嚼食物之前，要将餐具放在盘子里。

此情此景，使人们不禁想起了在中世纪和近代欧洲一些国家的王室、贵族的礼仪要求，就餐时如何坐、如何吃，吃前如何祈祷，餐巾放在哪儿，刀叉放在哪儿，等等，都有讲究，都有规矩。为了达到这些要求，王室贵族人家都要请专职人员对自己的孩子进行教育，以养成良好的习惯。

等级管理的规矩。新学员与老学员存在着明显的等级差距，而且老学员负有管理、监督低年级学员的义务和权利，这既是军队等级制度的体现，也是西点管理制度的一大特色。

学员自己管理自己,使得监督的面明显扩大了,犯错误被发现的可能性也就更大了。如美国被称为"轮子上的国家",汽车的普及率很高,但西点军校的学员使用汽车方面的规定因等级不同而有区别:一年级学员除晚自习时间外,允许在汽车主人、年长者或保证人陪同下驾驶汽车;不允许在军用地保管汽车;不允许借用四年级学员的汽车。对二、三年级学员的规定就松了一些。

西点对露营也有规定,二年级以上的学员"星期六晚上或假日前的晚上可以在军用地内露营",但须经战术军官批准,至少有两名以上学员在一起露营,禁止与异性一同露营。

课外活动的规矩。西点军校在课外举行许多活动,一方面是为了活跃军校生活,促进学员素质的全面提高;另一方面也是对学员良好表现的奖励,但对不同年级、不同表现的学员的要求是不一样的。

如在夜晚和周末,对表现良好的四年级学员,包括过失数为 8 和 8 次以下而处于处罚期的学员,可以享受以下特殊待遇,即:免除军纪处罚勤务,自己选择值勤时间正常进行;允许约会和陪伴客人,周六上午可参加在大礼堂或讲演厅举行的演讲,周六 10 时到 12 时,可以去咖啡馆和营区公共活动场所;允许在学员队举办的或批准的年级聚会上饮酒;周五 16 时至周日 19 时免除警卫勤务;免除周六记分背诵(但上课必须参加);允许将熄灯时间推迟到周五夜间 1 时和周六夜间 2 时;允许参加规定在周五举行的年级会餐、周六举行的宴会和舞会及营区活动;周五 13 时或最后勤务之后允许驾驶私人汽车;周五 13 时至周日 19 时 30 分,除年级会餐、上课、正式舞会等,可

穿适当的便服。

男女交往的规矩。学校对男女学员在社交活动中的行为与举止有明确规定：在学员房间里，异性学员因公或非因公接触时应把门完全打开。异性学员不宜坐在同一张床上。但在以下情况时可以例外：一是有 3 名以上学员在场，而其中两名是同一指挥系统的成员；二是与同学执行公务、进行磋商或在学习小组举行活动时；三是不同性别的学员同时在连部办公室、娱乐室、自修室和计算机室等公共场所时。

学员经批准与异性交往或陪同异性时应一直保持超然态度。男学员可以向女学员伸出一只手臂，女学员可以挽着男子的手臂。不过，挽着手臂行走时，不排除出于礼节要求对方做出符合军人身份的举动。

在公共场所与客人或其他学员发生亲昵的身体接触，如拉着对方的手，或者行、坐时以手臂搂着对方的腰部或肩膀，都是不雅观、不允许的。男女学员都穿军服时，除参加正式社交活动外，不能挽臂行走。带客人参观西点时，学员应对其客人的行为、礼节负责。

下面，我们再从西点军校 1970 年至 1971 学年中做出的惩罚决定的几个例子中，窥见其行为规范的严格性，来品味"随时随地都可能犯错误"这句话的含义：

错误：公开显露感情。1971 年 1 月 20 日 17 时 45 分，让青年妇女在大礼堂里亲吻他。惩罚：记过 10 分，惩罚 14 分。

错误：是非不分，有辱学员团的名誉。1970 年 12 月 29 日，有学员着制服在新泽西收税高速公路上搭乘他人便车，同时衣冠不整，鞋子肮脏，头发过长，并蓄小胡子，从而加深了错误的严重程度。惩罚：记过 20 分，惩罚 44 分，禁闭于限定范围内两个月,并降级为学员二等兵。

错误:擅离职守,离开营区。1971 年 1 月 20 日,私自访问莱迪克利夫学院。惩罚:记过 30 分,惩罚 88 分,并禁闭于限定范围 4 个月。

错误:判断严重错误,是非不分。1971 年 2 月 29 日,睡觉误课后,要求教员不要上报。惩罚:记过 30 分,惩罚 88 分,并禁闭于限定范围 4 个月。

错误:懒散。1971 年 3 月 23 日,在填书面表报时不注意细节规定。惩罚:记过 15 分,惩罚 20 分。

总而言之,进了西点的门,一切都要按西点的要求去做。理解的要执行,不理解的也要执行;一切与西点宗旨不相符的棱角都要被磨去,一切与西点管理制度不符的举动都要被纠正或收敛起来, 不服的话那只有一条路——开除。

西点军校小百科

在西点军校中,不乏生来就有攻击性和竞争性的人,他们会想尽一切办法去完成那些看似不可能完成的任务而获得荣誉。当然也有一些人生来安于现状,但是通过科学的激励机制的作用,他们依然能够成为出色的军人。

西点也是一个重塑人生的地方,每一名军人走进西点的大门,也就意味着他的人生将翻开新的一页。每个人都要像西点军人一样,迈出自我塑造的第一步,拥有一个为之奋斗的目标。远景必须即刻着手建立,而不要往后拖。

第四课　西点军校名人榜——麦克阿瑟

西点名言

　　一个人想要征服世界，首先要战胜自己。

麦克阿瑟的生平简介

　　道格拉斯·麦克阿瑟（Douglas MacArthur，1880年1月26日至1964年4月5日），美国著名军事家，五星上将军衔。第二次世界大战时期历任美国远东军司令，西南太平洋战区盟军司令；战后出任驻日盟军最高司令和"联合国军"总司令等职。

　　麦克阿瑟于1880年1月26日出生在美国阿肯色州小石城的军人家庭。其父老麦克阿瑟是美国陆军中将，他可谓启发麦克阿瑟成为军人的人。麦克阿瑟晚年曾说："我最早的记忆就是军号声！而这一切，都是我的父亲给我的。我的父亲不仅给予我生命，而且给予我一生的职业道路。"1912年9月5日，老麦克阿瑟因心肌梗死去世。为了纪念父亲，麦克阿瑟还把自己孩子的名字取名为阿瑟·麦克阿瑟三世,并且把父亲的照片带在身上,半个世纪没离身。这是一个具有狼一般性格的人:在战争中,他打的胜仗如同狼的捕获量一样多。

他曾经打过败仗,然而,他却把失败的捕猎当作磨练自己技能、增添对成功渴望的手段。有人说他是一名笑对失败、超然前进的将军。他忠于自己的国家,但反对这个国家的总统(杜鲁门)。他就是美国名将道格拉斯·麦克阿瑟。

麦克阿瑟出生于美国阿肯色州(Arkansas)小石城(Little Rock)的一个普通的陆军军营,他的父亲因参加南北战争曾获国会勋章。1903年,麦克阿瑟以西点军校第一名的成绩毕业,成绩是西点军校创办一百年来最好的,总平均成绩超过98分。以较好成绩被任命为上尉。第一次世界大战时任美军第四十二师参谋长,1919年被任命为美国西点军校校长,是美国陆军史上最年轻的西点军校校长。1937年,从军中退役。1941年,第二次世界大战爆发时被征召回到军中,担任美国远东军总司令,指挥美国军队在西南太平洋战场进行"跳岛战术",有选择地攻占对美军推进有重要意义的岛屿。1944年,因为战功卓著,晋升为五星上将。

麦克阿瑟的辉煌人生

1899年,麦克阿瑟考入美国陆军军官学校(西点军校)。在校期间既刻苦攻读,又注重体育锻炼。4年之后以98.43分的成绩毕业,创下西点军校的分数记录(此记录至今无人打破),破格晋升上尉后赴菲律宾任美军第三工兵营上尉。

1905年,麦克阿瑟追随其父从事情报工作。1906年,成为美国陆军工兵学校学员,兼任西奥多·罗斯福总统的军事副官。1908年,调任工兵营连长,因训练有方而晋升为营部副官,稍后成为

【西点校长名言】

今天，在友好场地上播撒下的种子，明天，一定会在战场上将收获胜利的果实！

骑兵学校教官，1911年晋升为上尉，次年调入陆军参谋部任职。1915年晋升为少校。1916年，调任陆军部长贝克的副官，负责与新闻界的联络事务。

1917年，美国参加第一次世界大战后，从各州国民警卫队抽调人员组成第四十二步兵师。麦克阿瑟出任第四十二步兵师参谋长，晋升为上校，赴法国参加世界大战。他声称该师人员来自美国各地，犹如跨越长空的彩虹，故该师亦称"彩虹师"。1918年，因作战勇敢和指挥有方，数次获得勋章并升任第八十四旅准将旅长。同年11月，在大战结束之后担任彩虹师代师长。战争时期，他与远征军总司令部人员结有怨恨。

1919年6月，39岁的麦克阿瑟被任命为西点军校校长，成为该校自创校以来最年轻的校长，他时刻把"责任—荣誉—国家"作为治校的座右铭。学校体育馆的上方放着一块匾，上面镌刻着他的一句话：今天，在友好场地上播撒下的种子，明天，一定会在战场上收获胜利的果实！

1922年2月，麦克阿瑟与路易丝·布鲁克斯结婚，但因妻子威胁到他所钟爱的军事事业，所以，他毅然离婚。年底赴菲律宾任马尼拉军区司令。

1925年，麦克阿瑟晋升为少将，先后在亚特兰大和巴尔的摩任军长。

同年，麦克阿瑟在米切尔准将（主张建立独立的空军）案件中奉命担任审判官，以至后来他不得不在回忆录中为自己辩解。

麦克阿瑟于1927年秋出任美国奥林匹克委员会主席，率美国代表队参加1928年在阿姆斯特丹举行的奥林匹克运动会并获得冠军。陆军参谋长为此致电祝贺："你不仅获得了美国人决不撤退的美誉，而且获得了美国人深知如何获胜的光荣。"此后，麦克阿瑟调任驻菲律宾美军司令。

1930年8月，麦克阿瑟收到陆军部部长来电，得知胡佛总统决定让他出任陆军参谋长。麦克阿瑟考虑到当时处于世界经济危机之际,和平主义思潮高涨,军费开支必将缩减,唯恐出力不讨好,遂有推辞之意。其母则力劝他接受该职,声称:"如果你表现出怯懦,你父亲在九泉之下也会为此感到羞耻。"

【人物揭秘】

　　1935年,麦克阿瑟的陆军参谋长任期届满,以少将军衔调任菲律宾政府总统奎松的军事顾问。

1930年11月,麦克阿瑟接受上将临时军衔,宣誓就任美国陆军参谋长。任内用机械化装备代替马匹,提高了部队的机动能力和速度,制订战争总动员计划;为诸兵种建立统一的采购制度以减少浪费,建立航空队司令部以提高地空部队的协调效率;反对国会因经济原因而欲裁减陆军机构的企图;反对削减军官队伍,声称"一支陆军可以缺乏口粮,可以衣住简陋,甚至可以装备破旧,但如缺少训练有素及指挥有方的军官,则在战时注定会被歼灭。胜利与失败的不同,全在于有无干练而有效率的军官队伍";每年均成功地阻止削减陆军员额的议案,并为陆军的战备辩护。需要特别指出的是,作为陆军参谋长的麦克阿瑟于1932年不惜亲自披挂出马镇压华盛顿的美国退伍军人"退伍金进军"。1933年罗斯福出任总统之后,麦克阿瑟继续担任陆军参谋长。

1936年8月,获得菲律宾元帅军衔。

1937年4月,与琼妮·费尔克洛思在美国结婚。

1937年年底,麦克阿瑟从美国陆军退役,开始组建菲律宾陆军。

1941年6月,美国军方采纳"彩虹5号"计划,决定一开始与轴心国作战就把重点放在欧洲。7月,华盛顿下令将菲律宾陆军与驻菲美军合并,将麦克阿瑟转服现役,晋升为中将,任美国远东军司令部司令,下辖温赖特指挥的第一军和帕克指挥的第二军。12月8日,日

【人物履历】

　　1899年，麦克阿瑟进入西点军校学习。1903年6月11日，以全班第一名毕业，然后被委任为工程技术兵团少尉。1904年4月23日，晋升为中尉。

军继偷袭珍珠港之后，对菲律宾发动进攻。由于麦克阿瑟判断错误和处置失当，驻菲律宾的美军轰炸机和战斗机大部被毁，空中防御能力丧失殆尽，再加上美菲军兵力有限，装备低劣而缺乏训练，无法抵挡日军的进攻，麦克阿瑟几乎要拿父亲留下的手枪自杀，与菲律宾人民共存亡。但是，罗斯福在1942年2月8日以国家的名义，再次命令麦克阿瑟及其家属撤离菲律宾。2月22日和23日，罗斯福和马歇尔连续给麦克阿瑟发电，让其撤离，并允诺让麦克阿瑟到澳大利亚指挥盟军反攻。3月11日晚，麦克阿瑟无奈撤离，于是所有部队则从马尼拉撤往巴丹半岛固守，宣布马尼拉为不设防城市。就在1941年12月24日，麦克阿瑟晋升为上将。

　　1942年1月，日军进占马尼拉。日军随后多次进攻巴丹半岛，但未能成功。当日本广播电台的"东京玫瑰"嘲笑美国太平洋舰队的时候，麦克阿瑟要求陆军部派遣飞机飞越菲律宾上空以打击"敌人的气焰"，稳定守军士气。然而，这种要求没有也不可能得到满足。3月，得到增援的日军向孤立无援的巴丹半岛等地的美菲军发起攻势。美国政府为避免麦克阿瑟成为俘虏，命令他将指挥权转交温赖特并赴澳大利亚担任西南太平洋战区盟军司令，指挥该区盟军作战。3月11日夜，麦克阿瑟在从科雷吉多尔登上鱼雷艇离开菲律宾之前，发誓"我还要回来"。4月9日，巴丹美军及菲律宾军约75000人被迫向日军投降。5月6日，巴丹陷落后转移到哥黎希律岛指挥作战的温赖特被迫请求投降，并于次日通过马尼拉广播电台命令所有美菲军队投降。

　　抵达澳大利亚之后，麦克阿瑟率参谋长萨瑟兰先将司令部

【人物履历】

　　1905年至1906年，麦克阿瑟在远东作为副官追随其父。1907年，任美国西奥多·罗斯福总统的军事副官。1911年2月27日，晋升为上尉。1914年，被部队派遣到墨西哥的韦拉克鲁斯。1917年至1919年，进入有"彩虹师"的美誉的第四十二步兵师，先后出任过参谋长，八十四步兵旅旅长，四十二师师长。

设在布里斯班,后又前移至莫尔斯比港,旨在稳住莫尔斯比,与日军在欧文·斯坦尼山那边决战。西南太平洋盟军的陆军司令为布莱梅爵士,空军司令先为布雷特、后为肯尼(所辖空中力量后来改编为美国陆军第五航空队),海军司令为利里。后来隶属麦克阿瑟指挥的还有美国海军第三舰队。美国陆军部队先后有克鲁格的第六集团军、艾克尔伯格的第八集团军和巴克纳的第十集团军(后由史迪威指挥)。鉴于另设有以海军的尼米兹为司令的太平洋战区,麦克阿瑟认为:"在有关这场战争的所有错误决定中,最莫名其妙的恐怕是没有建立太平洋的统一指挥。"经过1942年的中途岛战役和1943年的瓜达尔卡纳尔战役,盟军开始由战略防御转向战略进攻。

中途岛战役之后,日军陈兵新几内亚,企图通过直接攻击而夺占米恩湾,通过侧翼运动而攻克莫尔斯比港。麦克阿瑟对此做出正确判断,并制定出相应的作战计划。

麦克阿瑟的1943年最后进攻计划,设想从瓜达卡纳尔和巴布亚同时发动进攻,保卫新几内亚东北部和所罗门群岛,集中力量收复拉包尔。盟军采用麦克阿瑟的越岛战术,基本实现了上述作战计划。麦克阿瑟称越岛战术"这种战争方式的实际应用,就是避免以大量的伤亡进行正面的攻击,就是避开日军据点;切断补给线,使他们无所作为;就是孤立他们的军队,使他们在战场上饿死。这就是我调动部队与拟定作战计划的指导思想"。

1943年,共和党政客有意让麦克阿瑟成为1944年大选的总统候选人。但是,1944年某些州的预选表明麦克阿瑟得票并不多。因而,麦克阿瑟只好声明无意参加总统竞选。

1944年春夏,盟军已经攻克阿留申群岛、吉尔贝特群岛、所罗门群岛、新不列颠岛、新几内亚岛、马绍尔群岛、加罗林群岛和马

【人物履历】

1922年至1930年,赴菲律宾任马尼拉军区和23旅的指挥官。1925年1月17日,晋升为少将(正规军)。1925年1月,返回美国任军长。1928年,率领美国队参加在荷兰阿姆斯特丹举行的奥运会,然后返回马尼拉任菲律宾地区总指挥。1930年10月任第九军团指挥官。

里亚纳群岛等地。在此期间,麦克阿瑟与尼米兹就太平洋战争的战略问题发生重大分歧。前者主张先发起以新几内亚—哈尔马赫拉—棉兰老为轴心的战役,进而解放菲律宾;后者主张先夺取棉兰老岛空军基地,孤立吕宋岛,再进攻台湾和中国沿海,进而打击日本本土以缩短战争进程。二者分别得到陆军参谋长马歇尔和海军作战部部长金的支持。最后,罗斯福表示支持前者。

菲律宾群岛战役是以麦克阿瑟所部盟军1944年9月的摩罗泰岛和帕劳群岛登陆作战为先导的。10月,盟军以登陆莱特岛开始从棉兰老岛到吕宋岛的跃进,并始终得到美国陆军航空队和美国海军第三舰队的支援。10月20日,麦克阿瑟率部在莱特岛登陆之后,在菲律宾总统的陪同下,在雨中发表了最震撼人心的演讲:"菲律宾人民,我,美国陆军五星上将道格拉斯·麦克阿瑟回来了!"他语气深沉,眼角挂着泪光,他号召大家为了神圣的死者,为了子孙后代,继续战斗,夺取正义的胜利!

1944年12月,麦克阿瑟晋升为陆军五星上将。

1945年1月,盟军于10日开始在马尼拉以北的仁牙因湾登陆,29日在巴丹半岛登陆,夹击日军山下奉文部。直到3月,盟军才经激战而攻克马尼拉,占领巴丹半岛,收复科雷吉多尔。3月2日,麦克阿瑟乘坐鱼雷艇象征性地回到科雷吉多尔。山下奉文顽抗至9月才率部投降。

1945年4月,麦克阿瑟受命指挥太平洋地区所有美国陆军部队的作战行动。1945年8月15日,日本宣布无条件投降,麦克阿瑟则被杜鲁门总统任命为驻日盟军最高司

【人物履历】

1930年11月1日—1935年,出任美国陆军参谋长。1935年,出任菲律宾共和国政府的军事顾问。1936年8月,获得菲律宾元帅军衔。1937年12月31日,出任菲律宾陆军总司令。1937年4月,与琼妮·费尔克洛思结婚。1938年2月21日,其子亚瑟·麦克阿瑟出生。

令,负责对日军事占领和日本的重建工作。9月2日,盟国在"密苏里号"军舰上举行受降仪式,日本外相重光葵和参谋总长梅津美治郎代表日方签署投降书。麦克阿瑟出场代表盟国签字受降,中、美、英、苏等盟国代表也先后签字受降。麦克阿瑟在签字受降时,特意安排太平洋战争初期即被日军俘虏的美国将军温赖特和英国将军珀西瓦尔站在身后的荣誉位置。很有意思的是,他准备了5支派克金笔来签字。他用第一支笔签了"道格"二字,送给站在身后的美军中将温赖特;第二支笔接着写了"拉斯",然后送给英军司令珀西瓦尔;第三支写了"麦克阿瑟"就收起来,送给美国政府档案馆;第四支笔签了职务"盟军最高统帅",送给美国西点军校;第五支笔签了年月日后,送给爱妻琼妮。

【西点揭秘】

千万不要纵容自己,给自己找借口。

1950年6月,朝鲜战争爆发之后,联合国介入。麦克阿瑟出任远东美军最高司令和"联合国军"总司令,指挥朝鲜战争。在美国第二十四步兵师被歼之后,麦克阿瑟组织指挥仁川登陆获得成功,进而指挥"联合国军"越过三八线,向鸭绿江推进。1951年4月,麦克阿瑟因战争失利和所谓"未能全力支持美国和联合国的政策"而被解除一切职务,其实主要是他公然挑衅杜鲁门政府的言论,激怒了美国总统杜鲁门。

麦克阿瑟曾广泛涉猎历史、人物传记、哲学、法律和自然科学,具有惊人的记忆力。麦克阿瑟在非正式场合的谈话绘声绘色,扼要而中肯,从不停顿以选择词句或组织思路。但是在公开场合的讲话,则总是要精心撰稿,格外冗长,夸夸其谈,华而不实,语句结构复杂而显得杂乱无章,单调乏味而枯燥无趣,给人以没有幽默感、缺乏想象力的印象。麦克阿瑟高傲自大,渴望别人对他的赞誉崇拜,在某些场合伸手索要荣誉或贪人之功据为己有。麦克阿瑟总部发布的消息提及他时直呼其名,但他总是要用"我的陆军""我的海军"或"我

的空军"之类的词语。麦克阿瑟感情容易冲动，抱有不切实际的乐观情绪，好打心理战，自以为一贯正确，往往忽略或轻视参谋人员符合实际的批评建议。麦克阿瑟一经定下作战决心，就不愿再听到"行不通"或"也许行得通"的话，因而精悍干练的参谋人员被拒之门外，独有唯唯诺诺或阿谀奉承之辈留在身边。他很难安静地坐上一会儿，而总是急躁得到处走来走去。这些缺点是一个优秀将领对自己的自信，我们毕竟不能像他信仰的上帝一样要求他。

麦克阿瑟返回美国后曾在国会发表演讲，继续主张扩大侵略战争，并对中朝军队使用核武器，对中国实行经济封锁，怂恿蒋介石反攻大陆等政策，离开朝鲜前还曾大言不惭地要求中国人民志愿军向其投降。美国国会曾为麦克阿瑟举行听证会。1952年，麦克阿瑟希望获得共和党总统候选人提名，但未能成功。此后任兰德打字机公司董事长，著有回忆录《往事的回忆》。

麦克阿瑟回到美国后，在华盛顿受到了万人空巷的英雄式欢迎。许多大城市都爆发了支持麦克阿瑟，反对杜鲁门的游行示威活动，杜鲁门支持率下降到26%。4个州的议会通过了决议，要求杜鲁门总统收回成命。1951年4月19日，麦克阿瑟在国会大厦发表了题为"老兵永不死"的著名演讲。

1962年5月2日，82岁高龄的麦克阿瑟回到母校——西点军校，接受军校最高奖励——西尔维纳斯·塞耶荣誉勋章。在授勋仪式上，他即兴发表了他一生中最后一次也是最感人的一次演讲《责任—荣誉—国家》：

"我的生命已近黄昏，暮色已经降临。我过去的音调和色彩已经消失，它们已经随着往事的梦境模糊地溜走了。往日的回忆是非常美好的，是以泪水洗涤，以昨天的微

【麦克阿瑟的演讲】

我即将结束52年的军旅生涯。我从军是在本世纪开始之前，而这是我童年的希望与梦想的实现。自从我在西点军校的教练场上宣誓以来，这个世界已经过多次变化，而我的希望与梦想早已消逝，但我仍记得当时最流行的一首军歌词，极为自豪地宣示"老兵永不死，只是渐凋零"。

笑抚慰的。我渴望但徒然地聆听着远处那微弱而迷人的起床号声和那咚咚作响的军鼓声。在梦境里,我又听到隆隆的炮声、噼啪的步枪射击声、战场上古怪而悲伤的低语声。然而,在我黄昏的记忆中,我总是来到西点,耳边始终回响着:责任—荣誉—国家。"

1964年4月5日,麦克阿瑟在沃尔特·里德陆军医院(美国陆军医疗中心)因胆结石去世,享年84岁。

纪念道格拉斯·麦克阿瑟

在2002年日本全民网上选出的对日本影响最大的人,他被认为是对他们国家影响最大的外国人;在日本,麦克阿瑟将军纪念馆总是游人不绝,日本人一直认为他是一名真正的英雄。

韩国设有唯一的外国人纪念主题公园—麦克阿瑟主题公园—为纪念将军当年击败日军而设。在仁川,麦克阿瑟将军的雕像手持望远镜,似乎在寻找未来。

菲律宾一直都是把他当半神来看待。菲律宾军队为怀念他,每次集合点名时,由一名中士大声喊"麦克阿瑟",然后全体军人答"精神犹在"!他是菲律宾的元帅。日本战后的教科书写着,当年日本发动太平洋战争初势不可挡,整个太平洋都快成为日本天下。但是,麦克阿瑟将军的菲律宾保卫战,却死死地坚不可摧,让日本人前后打了4个多月才勉强打下,这是日军的第一次挫折。这次挫折,就在麦克阿

瑟将军的巴丹半岛上传出,一种影响,精神上的影响,在日本军队中传开。而最后,负责日军投降的总司令,就是这个一开始第一次给日军带去挫折的麦克阿瑟将军。

麦克阿瑟,真正意义的英雄,仪表堂堂,威严十足。

他为太平洋的斗争,几乎是单枪匹马地奋斗了20年,为了证明他的正确,他一再抗争,一再争取,中间受到大量的诋毁、污蔑,直到最后才证明了他的正确,但是,几乎没有人为此而感谢过麦克阿瑟将军!!!

我想在战争中,没有任何一个人能有他的重要性相提并论!

第一次世界大战,他的军队"彩虹师",战无不胜、攻无不克,是美军中最有战斗力的军队,他本人更是一次又一次第一个从战壕中跃出,冲向敌人。他是最高的参谋,但与其他参谋不同,他没有待在指挥所,几乎是逢战必参加。他本人在战场上打死过敌人,活捉过德军上校! 连有"血胆"之称的巴顿在一

【麦克阿瑟名言】

军人嘛,迎接战争就像迎接每天升起的太阳一样。

次和麦克阿瑟将军一起上过次战场后,都佩服得五体投地,他写给老婆的信写着"麦克阿瑟将军,是我见过的最勇敢的人"。直接打得德军落花流水,投降了事。

要不是他在当陆军参谋时大力抗争,甚至不断用辞职要挟罗斯福总统增加军费,二战时美军将是一支二流的军队,能否赢得了战争将是很大的问题。

要不是他,反攻日本不会那么顺利,他的军队与日军战成三十比一,死1万多美军击毙40多万日军,这样的成绩,在二战时没有任何一名将军能够相提并论,他是当之无愧的战神。

击败日本后又用5年的时间就将日本改造成首屈一指的经济强国,是的,是麦克阿瑟将军的军队打死了数以百万计的日军。但是,日本人今天是把他当英雄和恩人来看待。他从实力上完全击溃了日本,又给日本带来最好的自由与民主,以及富饶的生活!

麦克阿瑟将军是千年一出的人物,在仁川登陆之前的表现,几乎是完美的,没有任何一名军人能同他的经历相提并论。他是完完全全的军人、学者(他懂意,法,英,德,西班牙五国语言)、天才政治家(看看不可思议的日本经济奇迹)。同时也是表示勇气的计谋的银星勋章、优质服役十字员勋章的最多获得者,还拥有国家的最高荣誉——国会荣誉勋章。还有许多不为人知的历史第一。

西点军校小百科

　　美国西点军校毕业生曾自豪地说:"如果希腊人忘不了马拉松;如果犹太人留恋着耶路撒冷;或者,信奉基督教的朝圣者希望约旦的伯利恒成为富翁;那么,美国人就应把西点军校铭记在心。"
　　美国西点军校成就了无数的军事英雄,成为无数年轻人毕生追逐的梦想。

第四章　永载史册的西点军校

西点军校有一句名言："合理的要求是训练，不合理的要求是磨炼。"无论是怎么严苛的训练，在西点人眼里都是"勇敢者的游戏"，只有凭借勇气才能克服这些考验。

第一课 为了美国的利益而战

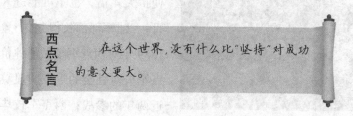

西点名言

在这个世界,没有什么比"坚持"对成功的意义更大。

1962 年,道格拉斯·麦克阿瑟到西点接受塞耶奖时发表了一段演讲:西点的使命始终未变,这使命神圣无比,那就是赢得战争的胜利。

你们每个人都必须懂得,在战争中只有赢得胜利才是唯一的选择,如果失败,整个国家就将灭亡。因此必须树立为美国公众服务的坚强信念,那就是"责任、荣誉、国家"。

正如这位五星上将所说的,西点军校始终把美国国家需要作为最高利益,每当国家需要时候,他们会毫不迟疑地冲上炮火连天的战场。

1846 年 4 月,美国挑起了对墨西哥的战争,这是一场十足的侵略战争,其目的就是通过战争夺取格兰德河以北的墨西哥领土。尽管这场战争极不光彩,西点军校的学生为了美国的利益,还是积极参加了战争。

在这场战争中,西点军校共有 523 名学员参加,452 人被荣誉晋升。其中最能概括反映西点军校精神的,是 1881 届西点学员安德鲁·罗恩,他单独一人乘坐小船,穿过西班牙人的防线,深入密林,与古巴的反西班牙暴动者取得了联系,使他们加入了美军的行动。

战争结束后，美西战争中的著名将领、参加了下一届总统竞选的温菲尔德·斯科特，在墨西哥城举行的一次宴会上为西点军校祝酒："若不是因为西点军校的科学军事教育与训练，美国军队即使扩大4倍，也不可能进入墨西哥。"陆军部部长伊莱休·鲁特于1889年对西点军校做了评价："西点军校对社会的贡献明显莫过于近两年的参战；西点军校毕业学员忠诚于祖国，屡建战功；西点军校对国家的贡献比它建校以来所花费的一切大得多。"

西点军校总是在美国处于危机的关键时刻挺身而出，大打出手。1914年，第一次世界大战爆发，这是一场完全意义上的帝国主义争夺世界霸权、因分赃不均而发动的战争。

美国作为处在上升时期的新帝国主义国家，自然不会袖手旁观，它在欧洲交战双方两败俱伤的1917年4月6日，突然对德宣战。

西点1917届学员于4月20日提前毕业，立即奔赴前线，紧随其后的是1918届的学员，他们于1917年8月30日也提前离校。为了战争的需要，1919届学员于1918年6月毕业；1920届和1921届学员按要求也要提前毕业，全体师生日夜苦干，为了提前毕业，他们开始了填鸭式教育，在几个月里尽量多塞了一些课程。

作为西点军校1886届毕业生，美国远征军总司令约翰·J.潘兴几乎就是带着他的同学们去完成了这一使命的：从远征军的参谋长到美军的师一级指挥官，都是西点的校友。到战争结束时，共有3445名西点毕业生走上战场，法国战场上的38个军、师指挥官中有34位是西点军校的毕业生;在美国陆军的480名将军中,74%是西点培养的,90%的军长和80%的师长都来自西点。

陆军部部长贝克在战后总结时说:"西点军校再次在关键时刻显示出了它对国家至高无上的价值;西点人组建和领导了我们庞大的海外军队,这支部队被训练得异常机动灵活、迅速敏捷,这要归功于武器装备的精良,同时也应归功于西点军校培育出的领导者的才干;总之,还是依仗于西点军校。"美国在第一次世界大战中,不仅做足了军火生意,大大地捞了一笔,而且获得了战败国大片的殖民地,政治、军事、经济实力大大增强,使之逐步开始从帝国主义二流国家向一流国家的地位转变。这当中充满了战争的血腥和掠夺的罪恶,西点人是无法洗刷的。

1941年12月7日,日本突然袭击了珍珠港,美国人再也"中立"不下去了,美国对日、德、意宣战,西点军校也立即投入到紧张的备战活动中去。为了适应军队扩大编制的需要,尽快培养更多的有能力带兵的初级指挥员,西点将军校员额由1960名增加到2496名。"一切为了战争"成为西点人的口号,从1943届到1946届,各届学员都逐批提前毕业。

新的一年级完全采取步兵新兵的教学方法,被送往训练营地集中训练。此外,西点还要承担为航空兵训练合格飞行员的任务。他们及时更改训练计划,保证了任务的完成。西点军校在第二次世界大战中可算是红透了天。

3名最高司令全由西点人担任,9名集团军群司令有7名出自西点,另有55%的集团军司令、64.5%的军长、52.2%的师长均由西点毕业学员担任。

提起美军在二战中的英雄,人们一般都会讲到"19

颗星"，即 3 位五星上将艾森豪威尔、麦克阿瑟、马歇尔和 1 位四星上将巴顿。巴顿离世最早，二战后并无新的建树可与其他 3 位高职衔的将军并驾齐驱。

巴顿极富魅力的勇敢精神在美军中广为传颂。他十分擅长演讲动员，很经意地把"责任、荣誉、国家"的西点精神融进演讲中，常常使部属听后热血沸腾、斗志昂扬。

1943 年 7 月 11 日，巴顿指挥的美军与德军在西西里岛杰拉市大街短兵相接、浴血奋战，巴顿竟不顾部下的劝阻，冒着密集的炮火来到突击队员身边，一边指挥战斗，一边鼓励着自己的士兵。他大声呐喊："杀死上帝诅咒的每一个私生子！"这句话后来成为这次战役的名言，被广为传诵。

1943 年 6 月，巴顿对初次参战的第四十五师官兵训话，非常精彩。他说："战争并不像你们许多人想象的那样，你们是要同久经沙场的老兵去竞赛，但是你们不要发愁；他们也都打过第一仗，他们的第一仗是打胜了，而你们也会打胜第一仗。"

战争是人类所能参加的最壮观的竞赛。战争会造就英雄豪杰，会荡涤一切污泥浊水。所有的人都害怕战争，责任感是大丈夫气概的精华。美国人可以为他们都是好汉而感到自豪，他们的确是好汉。不让敌人进攻你的办法就是你去进攻他，不停地向他进攻。我们美国人是个喜好竞争的民族，我们对任何事物都下赌注，我们好胜。

在这次战斗中，你们要同其他美国人和同盟的军队竞争，去赢得最伟大的荣誉——那就是胜利。最先取得胜利、达到目标的，也就是赢得了荣誉的人。

这段演讲后来被艺术加工,成为美国好莱坞大片《巴顿》的开场白,在充满屏幕的巨大的美国国旗前,巴顿有长达数分钟的演讲,很具鼓动性与煽动性,一下子就把观众带到了勇敢和崇高之中。

"为了美国的利益",不仅仅是体现在战争时期和战场上,而且还体现在教学的各方面。一些人都认为,国家幸福安宁与西点军校的教学质量有着不可分割的联系。为了保证绝对服从国家利益,西点军校教导毕业学员"作为美国未来的陆军军官,你们唯一应该做的就是竭尽全力贯彻执行美国的内外政策,不要对总统、国会或自己的直接上司做任何贬低性的评论"。

西点军校把对上级的服从也看成是服从祖国利益的一种形式,校方教导学员:"不要上送那种不受上司欢迎的文件或报告,更不要发表使上司讨厌的讲话。如果摸不准自己上送的报告或发表的讲话是否符合上司的口味,可以先到上司那里去摸摸底。"——西点军校培养的职业军官,是对他们完全驯服的战争工具。

西点军校小百科

在西点的训练中,有很多都是危险和残酷的,而这些训练,锻造了西点军人刚毅的性格和不屈不挠的精神品质,这是因为危机能够使我们竭尽全力。当然,我们不能坐等危机或悲剧的到来,从内心挑战自我是生命力量的源泉。竞争给了学员们许多宝贵的经验,无论他多么出色,总会人外有人,所以在这里需要学会谦虚。不管在哪里,都要参与竞争,而且也应该像他们一样谦逊,并且总是满怀快乐的心情。要明白最终超越别人远没有超越自己更重要。

第二课 钉在历史的耻辱柱上

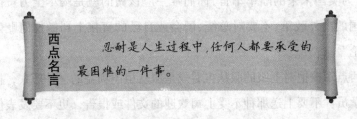

西点名言

忍耐是人生过程中，任何人都要承受的最困难的一件事。

提起西点军校，人们的印象是诸如治学严谨、学术水平高、名人荟萃、群星灿烂、"将军的摇篮"等赞美之辞，然而有"过五关"就有"走麦城"，这里也发生过许多栽面子、违犯荣誉制度、有损于西点形象的事，有的还被钉在了历史的耻辱柱上，西点人不愿提起，历史却不会忘记。

1898年，美国挑起第一次重新瓜分世界的帝国主义战争——美西战争。为了响应战争的需要，1898届的学员匆匆提前毕业。美国军队一面涌入古巴和波多黎各岛，一面派出远征军在远离美国本土的吕宋岛登陆，大肆开展新的扩张和殖民统治。

正在此时，1900年，中国反清的义和团运动风起云涌，"妨碍"了帝国主义对中国的侵略。在菲律宾的美军被调往中国，包括西点军校的许多毕业生，与其他七国组成"八国联军"，粗暴地干涉中国内政。

他们从天津出发，穿过华北的黄土地杀进了北京，一路烧杀抢掠无恶不作，他们践踏了北京的古城墙，抢夺了故宫的珍宝。目前流失在美国的中国珍宝中有的就是历史的见证。在"八国联军"之前的第一次、第二次鸦片战争中，美国同其他西方列强一道在中国攫取了大量利益，体现在

"利益均沾"的不平等条约中。他们还以军队的形式,真刀真枪地在中国的国土上烧杀抢掳。西点人成为美国侵略中国的急先锋,在中国犯下了滔天罪行。

在中国人民自发的反抗中,有的西点毕业生把年轻的生命永远地留在了中国——一个远离美洲的东方国度,不知他们在临终前想过没有,西点的荣誉究竟是什么?他们给西点究竟是增添了光彩还是留下了耻辱?

自美国南北战争中西点军校毕业生一举扬名以来,西点人几乎都是以战争胜利的指挥者和发挥重要作用者的姿态出现在世人面前。第二次世界大战中,美国人以胜利者、解放者的身份威风八面,但是时间不长,在世界民族独立、人民革命的战争中,便屡屡受挫,大大栽了面子。在朝鲜战争、越南战争中,西点人成为了名副其实的"炮灰"。

1950年爆发的朝鲜战争,交战双方一方是用小米加步枪武装起来的中国人民志愿军和朝鲜人民军,一方是由陆海空现代化武器装备武装起来的以美军为主的所谓"联合国军",双方的实力差距是显而易见的,但是战争结果却不以美国人的意志为转移,西点人的神秘面纱被无情地撕去了。

第一支在朝鲜作战的美国陆军部队的指挥官查尔斯·B. 史密斯中校,就是西点军校1939届毕业生;指挥朝鲜战争的三任联合国军总司令兼远东美军总司令,都是西点军校的毕业生,即麦克阿瑟、李奇微和克拉克,他们都曾在二战战场立下赫赫战功,但又都在朝鲜战场栽了跟头。

策划朝鲜战争的美国最高首脑机构——参谋长联席会议,其四人当中有三人是西点军校毕业生,即布莱德雷将军(1915届)、柯林斯将军(1917届)、范登堡将军(1923届)。1953年7月27日,马

克·维恩·克拉克代表"联合国军"签署朝鲜停战协定，事后他承认自己"成了历史上签订没有胜利的停战协定的第一位美国陆军指挥官"。

另一位从西点毕业的学生沃尔顿·H.沃克，在二战中的欧洲战场上，经常随身携带一支 0.45ram 口径自动步枪和一支连发手枪，坐着吉普车在战场上到处奔走，以凶猛强悍著称，被誉为美国陆军最优秀的将军之一。

载誉奔赴朝鲜战场的沃克，带领美第八集团军贸然越过三八线，充当侵朝先锋，直逼中朝边境。1950 年 10 月 25 日，中国人民志愿军给入侵美军以迎头痛击，随之连续发动了五次战役，迫使美军和李承晚军队向三八线以南实行总退却。12 月 23 日，沃克在败逃途中身亡，一颗从西点升起的将星就这样并不光彩地陨落了。

看来，西点人并不是百战百胜的常胜将军，西点的教学和军事理论也不是屡试不爽的法宝，关键在于战争的性质，即正义战争必将得到世界各国人民的支持，正义战争必胜。

如果说朝鲜战争是"在错误的地点，在错误的时间，与错误的对手打了一场错误的战争"，那么，美国人在越南战争中输得更是糊里糊涂。

美国侵越战争从 1961 年 5 月 14 日入侵越南开始，至 1975 年 4 月 30 日越南军民解放西贡，历时 14 年。和以往各次战争一样，西点军校的毕业生在战争中占据着关键的指挥岗位。1966 年，西点毕业班的大多数都自愿赴越南作战。到了 1967 年，在越南服役的军官中，西点毕业生占 7%；在战场上的 39 名主要军官中有 21 名是西点军校的毕业生；西点毕业生的阵亡人数达 108 人，占阵亡军官的 10%。

越南战争结束后，美国社会时常会出现重新检讨越南战争的言论，倾向性的观点认为,越南战争是美国在 20 世纪的最大失误之一。深究起来,西点军校 1922 届毕业生马克斯韦尔·D.泰勒和 1936 届毕业生威廉·C.威斯特摩兰,都要承担重要责任。

泰勒于 1962 年 10 月开始担任美军参谋长联席会议主席,作为美军最高军事长官、军事当局的最高决策人之一,协助总统谋划了美国的军事战略和"冷战"计划,包括对越形势的分析和对策研究。

1964 年 7 月,泰勒到越南西贡接任美国大使,总统赋予他异乎寻常的权力:负责南越的全部军事工作,并可以行使他可能认为适当的任何指挥和控制权。在侵越战争中,泰勒亲手制订了许多军事行动计划,包括实行常规轰炸和扫荡、恐怖活动、通过绥靖达到分化越南抵抗力量、建立越南生化和电子战场等具体措施,这些观点和措施促使越南战争逐步升级,使美国陷入越南达 10 年之久,打了一场得不偿失的赔本战争。泰勒当然要承担一定的责任。

威斯特摩兰自 1936 年从西点军校毕业后,以令人惊异的速度跃居明星地位。29 岁便指挥一个师,38 岁晋升准将(与麦克阿瑟任准将的年龄相同),42 岁时成为陆军中最年轻的少将。1960 年,他出任西点军校校长,是继泰勒后最年轻的校长。

如此辉煌的经历却在越南战场上一败涂地。1964 年 1 月,威斯特摩兰接任美国驻越军援司令部司令,直到 1968 年。他在越战期间,采取了"固守与清剿"等战略,构筑堡垒障碍,制造无人区,可以讲是双手沾满了越南人民的鲜血,最后还是以败军之将离开越南战场。有关人士说,这场战争给威斯特摩兰沾上污迹,甚至连那些原来称赞他责任心强、行为谨慎、

品德高尚的人的态度也冷淡了。

越南战争使美军在社会上的威信大受损害。一位西点军校学员说：过去我们在西点军校大门口散步时，能够受到人们的尊敬，现在学员们放假都不愿意穿军装，越南战争给军人造成坏印象。一些西点人认为，越南战争中，西点人被陆军出卖了。1970年至1974年，报名入西点军校的人数大大减少，学生质量也有明显下降。

1970年3月，西点军校校长科斯特少将主动辞职，原因就是梅莱事件调查委员会将要调查美军1968年在越南制造的"梅莱大惨案"的问题，而科斯特就是制造惨案的第八军军长。

死在越南战场上的美国人，包括西点军校的毕业生，真叫"冤枉"。因为在他们战死他乡几十年后的今天，仍未得到他的祖国和人民的认可。这一点，我们从越南战争中美国国内的反战大游行和今天美国人对所谓越战英雄的蔑视中也可以看出。可恨、可悲而又可怜的西点人，成为美帝国主义名副其实的侵略"炮灰"。

西点学员都有良好的心态。他们常常能够积极主动地抓住并创造出机遇，而不是一遇到困难就逃避退缩，为自己寻找各种借口。"工作无借口"是西点军校所奉行的最重要的行为准则之一。每一个人都应该想尽一切办法去完成任何一项任务，而不是为没有完成任务去寻找任何借口。有时候，借口成了许多人的一种习惯。对于一个西点学员来说，入校第一课就是要改掉这种坏习惯。西点军校的学员格兰特对此深有体会。

第三课　西点军校名人榜——布莱德雷

西点名言

　　虚荣的人注视着自己的名字,伟大的人则注视着自己的事业以及自己的国家。

走近人物

1893年2月12日,奥马尔·纳尔逊·布莱德雷生于密苏里州克拉克。

1915年毕业于美国西点军校,获陆军少尉衔。

1918年至1924年先后在南达科他州立大学和西点军校任教,后在步兵学校、指挥和参谋学校进修。1934年毕业于华盛顿陆军作战学院。

1939年至1943年先后任作战部助理部长、步兵学校校长、第二十八装甲师师长、第二兵团司令兼艾森豪威尔将军的战地顾问,曾参加北非战役、西西里战役。

1944年任第一军军长,1945年升陆军上将,同年任第十二集团军司令,曾在法、比、荷、卢、德作战,1945年至1947年任退伍军人事务管理局局长。

1948年至1949年任陆军参谋长。1950年升陆军五星上将。

1949年至1953年任参谋长联席会议主席,1951年5月在国会就侵朝战争作证时,承认美国是"在错误的时间,错误的地点,同错误的敌人,进行错误的战争。"

1981年4月8日逝世。著有《一个士兵的故事》一书。

个人生平

奥马尔·纳尔逊·布莱德雷(Omar Nelson Bradley, 1893—1981),1893年2月12日出生于美国密苏里州克拉克的教师家庭。1910年中学毕业,因家境清贫而成为铁路机修工。

1911年布莱德雷考入西点军校,牢记校训"责任、荣誉、国家",经受了严格的军事训练和系统的文化学习。四年以后。布莱德雷从西点毕业,赴美国西北部服役。1920年9月,调任西点军校数学教官,开始浏览并研究军事历史和军事人物传记。1924年春晋升为少校。

1924年9月,布莱德雷获准进入本宁堡步兵学校深造一年,着重学习"运动战"战术及陆军武器的使用。毕业之后赴驻夏威夷的第二十七步兵团任营长,后调国民警卫队夏威夷卫戍区任职。1928年9月,布莱德雷奉命进

入陆军指挥与参谋学校深造,通过学习和训练,掌握了良好的思想方法,谋划战争和驾驭战争的能力得到提高。1929年9月,布莱德雷调任本宁堡步兵学校战术系教官。次年,布莱德雷被马歇尔任命为兵器系主任,成为马歇尔实施教学改革的主要助手之一。在步兵学校任教4年之后,布莱德雷考入陆军军事学院深造。1934年,布莱德雷被分配到西点军校战术系任教官。1936年7月,晋升为中校。1938年,布莱德雷调到陆军参谋部任职。

1941年2月,布莱德雷奉命出任本宁堡步兵学校校长兼驻地指挥官,由中校越级晋升为准将。除全面主持步校工作外,布莱德雷设立预备军官学校进行速成培训,以适应大规模扩军对增加基层军官的要求,组建并训练坦克部队和空降部队,以提高陆军的机动作战能力。同年12月,布莱德雷调任正在重组的第八十二步兵师师长,晋升为少将。次年6月,布莱德雷改任第二十八国民警卫师师长,任内使该师成为训练有素的部队。

【西点揭秘】
　　他邀请有名的约克中士前来演讲、阅兵,让新兵了解该师历史,鼓舞士气;实施严格的体育锻炼计划,增强士兵的身体素质。

　　1943年2月,布莱德雷接到晋升为美国第十军军长的任职命令的同时,被马歇尔派往北非,充任艾森豪威尔的"耳目"。3月6日,巴顿出任美国第二军军长,布莱德雷则被任命为第二军副军长。3月17日,突尼斯战役开始,第二军担负助攻任务。4月15日,布莱德雷升任军长,全面指挥第二军的作战行动。5月7日,布莱德雷就率部攻入比塞大。5月13日,北非的德意军队全部被歼,布莱德雷则奉命前往阿尔及尔协助巴顿抑制西西里作战计划。6月,布莱德雷晋升为中将。7月10日凌晨,布莱德雷率第二军在巴顿指挥的美国第七集团军编成内参加西西里战役(代号赫斯基)。根据蒙哥马利制订的作战计划,美军取消了在巴勒莫附近的登陆行动。布莱德雷指挥第一步兵师进攻杰拉,第四十五国民警卫师攻击斯科格利蒂。在登陆获得成功并击退守军的反击之后,布莱德雷部抵达北部的主要公路,而英军受阻于卡塔尼亚。此时,美军可望迅速向北部海岸推进,既可包抄墨西拿,又可减轻英军压力。但是,由于蒙哥马利作梗,布莱德雷部奉命将该公路让给英军使用,布莱德雷意识到此举将使美军失去有利的作战条件,降低美军的地位和作用,但在向巴顿指出之后仍忠实地执行命令。在巴顿擅自驱使临时军突向巴勒莫的同时,布莱德雷率部穿越高山险阻,继续北进。7月23日,布莱德雷部攻抵特尔米尼—伊梅雷泽海岸和佩特拉里亚,遗憾的是仍未能截住从巴勒莫撤出的德军。该部迅速将进攻锋芒转向墨西拿,实施特洛伊纳进攻战。8月,布莱德雷和巴顿先后在圣阿加塔和布罗洛实施

"蛙跳"两栖围攻。8月17日,美军和英军先后进入墨西哥,轴心国军队大部撤回意大利本土,西西里战役结束。

1944年1月,布莱德雷被艾森豪威尔正式任命为第一集团军群司令。6月6日凌晨,"霸王"作战开始。在空降部队降落和海空军火力突击之后,布莱德雷在英国第二十一集团军群编成内指挥美国第一集团军在奥马哈和犹他海滩登陆成功。7月1日,美军攻占瑟堡港和科唐坦半岛。7月25日,布莱德雷在巩固和扩大登陆场之后开始实施因气候不佳而推迟的"眼镜蛇"战役。7月30日,美军突破阿弗朗什的德军防线,共俘虏德军2万,胜利结束该役。

8月1日,美国第一集团军和第三集团军组成美国第十二集团军群,兵力近40万,布莱德雷任集团军群司令。布莱德雷以第八军横扫布列塔尼半岛,其余各军则沿卡昂—勒芒一线展开,准备向巴黎挺进,对诺曼底德军实施远距离迂回包围。就在此时,德军向莫尔坦发起反攻,企图进而夺取阿弗朗什。布莱德雷发现德军这个最大的战术错误为盟军围歼诺曼底地区的德军提供了千载难逢的机会,遂改变原订计划,组织实施法莱斯围歼战(英加军推进到法莱斯并越过阿尔让当,莫尔坦美军顶住德军的反攻,进攻勒芒的美军则往北折向阿尔让当)。

8月19日,盟军包围德军约12个师。由于协同方面存在的问题,盟军击毙德军1万,俘虏5万,约有4万德军突围成功。此次战役使德军无法沿塞纳河设置防线。8月25日,盟军进抵塞纳河,在布莱德雷指挥下的美军和法军

一道解放法国首都巴黎。解放巴黎之后,布莱德雷指挥美军快速向前推进,攻占兰斯、夏隆、凡尔登、那慕尔和列日等地,进抵齐格菲防线(即"西部壁垒")。10月2日,美军对亚琛实施两翼包围,21日占领亚琛。但是,由于德军加强抵抗,摧毁港口和盟军缺乏汽油等补给物资,此时盟军被迫停止进攻,等待后勤补给。布莱德

雷在9月22日盟军最高司令部作战会议上提出的计划于
10月18日被艾森豪威尔采纳,即以第十二集团军群为主,
兵分两路突击莱茵河:布莱德雷以一部从亚琛出发,向科
隆和波恩进攻,以一部通过萨尔,向法兰克福挺进,然后
共同北上,包围鲁尔区;蒙哥马利则在肃清斯凯尔德湾残
敌之后,从奈梅根向东南突击,直指鲁尔区。11月8日,布
莱德雷开始实施上述计划,但进展并不顺利。

　　1944年12月16日,德军集中约24个师的兵力、1000
架飞机,向阿登山区发动反攻,重创霍奇斯部。布莱德雷
对德军在阿登发动反攻的可能性是估计不足的。次日,
布莱德雷与艾森豪威尔等人在分析德军的攻势之后,明
确了盟军当前的主要任务:①顶住从北面和南面突入阿登山区的德军;
②控制位于西去的咽喉要道上的圣维特和巴斯托尼;③沿马斯河岸组织
抵抗,德军的攻势使布莱德雷设在卢森堡的前进司令部受到严重威胁,
艾森豪威尔也催促前进司令部退驻凡尔登。布莱德雷唯恐此举动摇军心
而予以拒绝。12月8日,布莱德雷果断命令霍奇斯部掉头南下,巴顿部则
转而北上,迎击德军。22日,巴顿开始发动进攻,由南向北打击德军突出
部。23日,盟军开始对德军实施猛烈的空中突击。为了争取英军的支援,
艾森豪威尔将布莱德雷所辖的美国第一集团军和第九集团军临时转隶
蒙哥马利。但是,蒙哥马利直到1945年1月才发起进攻。

　　1945年1月31日,盟军在乌法利兹会师,收复突出部,将德军赶回初始
防线。在阿登战役中,盟军以伤亡7.7万的代价,使德军伤亡12万。根据艾
森豪威尔3月21日的命令,布莱德雷全面组织实施"低调"和"航行"作战计
划,率部渡过莱茵河,向法兰克福推进,而后全力挺进卡塞尔。盟国最后击
败纳粹德国的计划是在莱茵贝格会议上提出的:美国第九集团军和第一
集团军以南北夹击之势围歼鲁尔区的德军,而后在帕德博思—卡塞尔地
区会师。这项主要由艾森豪威尔和布莱德雷共同提出的计划,被人称为

"布莱德雷计划"。

3月28日,布莱德雷指挥实施该项计划。4月1日,英军攻占帕德博恩并完成对鲁尔区德军的合围。4月4日,第十二集团军群的部队全部归建,共5个集团军(美国第一、三、五、九、十五集团军),兵力约130万,这是美军历史上最大的集团军群。布莱德雷为了接近指挥,将集团军群司令部迁到德国的威斯巴登。4月18日,被围德军约32万人投降。西线德军总司令莫德尔开枪自杀。在此之前,4月6日,布莱德雷即下令继续挥戈东进,从卡塞尔到易北河,长驱120英里,各集团军的目标分别为莱比锡、易北河对岸桥头堡和穆尔德河。4月13日,易北河德军防线被全线突破。布莱德雷立即准备实施

第二阶段的作战计划,阻止德军向阿尔卑斯山和挪威逃窜。为此,他命令巴顿部继续向东南推进,直抵林茨和多瑙河,而掩护巴顿右翼的德弗斯部则穿过纽伦堡和慕尼黑向东挺进。4月15日,盟军发起进攻德国的最后总攻。4月26日,美军与苏军在易北河畔的托尔高正式会师。5月7日,纳粹德国宣布无条件投降。

1945年8月,布莱德雷出任美国退伍军人管理局局长。1947年11月,出任美国陆军参谋长。1949年8月,布莱德雷升任美国参谋长联席会议主席,不久又兼任北约军事委员会主席及其常务委员会主席。1950年9月,布莱德雷晋升为美国五星上将。布莱德雷在参谋长联席会议主席任内参与策划并组织指挥朝鲜战争。

1981年4月8日,布莱德雷在华盛顿逝世。主要著作有《一个军人的故事》。

光辉灿烂的一生

奥马尔·纳尔逊·布莱德雷,美国陆军五星上将。1893年2月12日生于

美国密苏里州克拉克。1915年美国陆军军官学校(西点军校)毕业后,先后入本宁堡步兵学校和利文沃思堡指挥与参谋学校深造。1941年2月任本宁堡步兵学校校长。1942年2月起先后担任第八十二、第二十八步兵师师长。1943年2月前往北非,任地中海战区盟军总司令D.D.艾森豪威尔的战场私人代表。后接替G.S.巴顿任第二军军长,率部参加突尼斯战役和西西里岛登陆战役。1943年9月任美第一集团军司令,10月在英国布里斯托尔开设第一集团军司令部,并参与制订诺曼底登陆计划。

1944年6月在诺曼底登陆战役中,指挥所部肃清科唐坦半岛德军。7月实施"眼镜蛇"作战计划,突破德军防线,打开登陆后一度出现的僵持局面。8月1日任第十二集团军群司令,在法莱斯战役中重创德军,随后经法国北部解放卢森堡和比利时南部,并攻入德国境内。同年12月至次年1月在阿登战役中击败德军进攻。1945年2月至4月突破齐格菲防线,渡过莱茵河,在盟军第二十一集团军群协同下歼灭鲁尔德军重兵集团。同年8月任退伍军人管理局局长。

1948年2月任美国陆军参谋长,翌年8月任参谋长联席会议主席。1950年9月被授予陆军五星上将军衔。朝鲜战争中参与制定美国军事战略。1953年退出现役。著有回忆录《一个军人的故事》《将军百战归》。

西点军校小百科

　　西点军校之所以充满活力,始终受到世人的关注,一个根本的原因就是它坚持了内部机制的改革。西点的教育方法有两点值得一提:一是按照德、智、军、体的教学目标,建立起了严格、单调甚至在体能训练上有点残酷的管理制度。二是时时让学员处在着一种模拟的敌对状态,以利于保持美国军人在战场上的紧张感。前几年,国内曾传说西点军校也在"学习雷锋",但记者经过考察,没有听说,也未在西点军校见过有"学习雷锋"的痕迹。

第四课　争相辉映的西点群星

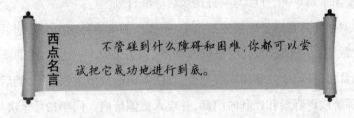

西点名言

不管碰到什么障碍和困难,你都可以尝试把它成功地进行到底。

有人说,西点军校的历史是一部美国军队成长、发展、壮大的历史。除培养出众多的军事将领,西点军校还为美国培养了许多著名的政治家、国务活动家、企业家、教育家、探险家、作家、艺术家、工程师和其他各种人才。

美国内战即南北战争,是西点人第一次"大露脸"的时候。在这场战争中,西点军校的学员们自发地形成了南北两大阵营,西点为北方联邦输送了 294 名将级军官,也为南方联盟培养了 151 名将级军官;在双方进行的 60 场主要战斗中,有 55 场双方的司令官是西点毕业生。同室操戈,相煎何急!

第一次和第二次世界大战,西点人如日中天。参加第一次世界大战的 38 个军长、师长中,有 34 个是西点毕业生,占 98%,远征军司令是西点毕业生约翰·J.潘兴将军。第二次世界大战中,西点毕业生占最高司令官的 100%,集团军群司令的 77.8%,集团军司令的 55%,军长的 64.5%,师长的 52.2%,涌现出数不胜数的将领。

西点军校不仅培养了无数的将军,而且也为社会输送了一批包括经济领域在内的各行各业的精英。杜邦的名字，在世界范围内可以讲是众所皆知了。在美国的财政界，杜邦家族的作用至今仍不可小视。

全美50个州，无论何处，无不受到杜邦家族的影响。杜邦复合企业大集团，如同一株巨大的根深叶茂的树，其势力范围分布情况简直就是自独立战争以来美国资本主义经济发展史的缩影。然而，杜邦家族的发迹、发展、壮大，直到如日中天，都不能不与一位西点人的名字联系在一起，他就是1833届西点的毕业生亨利·杜邦。

亨利毕业后，先在陆军技术部门服役，后来因父亲病逝，不得不回家与两个兄弟共同操持家业。那时候，杜邦家族的家当也就是在特拉华州威明顿附近的白兰地河畔的火药工厂，再平常不过了。1850年，亨利的哥哥因伤将公司总裁的位置让给了他，从此，亨利·杜邦领导本家族长达39年之久，创下了杜邦家族居领导地位最长的纪录，赢得了美国"军火大王"的称誉，被列为控制美国的十大财阀之一。

亨利在经营中，无时无处不体现着西点的精神。他们三兄弟从来不从公司领取薪水，也没有奖金，只是从公司的总账中扣除一些必要的经费，而将所有的赢利都纳入公司。他们像战场上的军人一样，非常团结，互相支持，互相帮助，绝没有一般大家族中的因财产继承、利益之争而产生的恩恩怨怨、尔虞我诈。亨利把军队中体恤士兵的传统带到了公司，完善了一整套劳工家属抚恤赔偿制度。公司给每位遇难者的家属安排住宅，并负责其子女的生活费和教育费，而那时的美国政府还没有建立劳工灾害赔偿制度。

亨利在几十年激烈的经济竞争中，克服了重重困难，

体现出了西点军校毕业生的品质，那就是勇敢、果断和深谋远虑的战略眼光。1865 年，美国南北战争结束后，原来畅销的火药一下子变成了滞销品，政府开始着手把战时剩下的火药全部拍卖，火药价格直线下跌，亨利的火药工厂陷入困境。

为了制止火药业的混乱和价格的下跌，亨利决定，即使把公司在南北战争中赚来的全部利润都用尽，也要把政府拍卖的剩余火药购买回来；战时，杜邦公司是每磅 33 美分的高价卖给政府，如今 1 磅只卖到了 5 美分。随后，亨利·杜邦召集美国的各大火药公司——包括 3 家大型公司和 4 家中型企业的负责人开会，筹划成立火药工业托拉斯，以协调火药的生产、价格和市场。杜邦家族在火药业中的地位已开始稳固。

西点军校重视学术、强化理科教育的成果也在亨利的经营中体现了出来。过去，美国火药工厂的生产原料主要从孟加拉国进口硝石，不远万里，运输费用太大。后来，亨利组织人力研究新的火药制造技术，用南美洲含钠较多的原石做替代品，并开发了大炮用火药。

1870 年后，又率先研制、大量生产威力更大、成本更低的黄色火药，为美国以至世界的化学工业发展做出了突出贡献。也许是出自对西点军校的留恋，亨利后来又把长子亨利·阿尔加农送到西点军校。毕业后，阿尔加农参加了南北战争，相当活跃，一直在陆军服役到 51 岁（1889 年），后来担任北威明顿铁路公司总裁。

1820 年 7 月 5 日，一位虚弱的、眼中充满智慧但有点羞怯的年轻人，到塞耶校长那里报到，这就是后来成为美国著名军事理论家的丹尼斯·哈特·马汉。马汉如饥似渴地学习，他严格要求自己，成绩一直较好，第一学年就被指定为数学助理教授，并一直担任这个职务到毕业。后来，在有 31 名学员的班里，马汉第一个提前毕业，继续担任数学助理教授，后晋升为工程副教授。塞耶校长此时已经看出来了，马汉是个真正研究与分析战争艺术的人。

1827 年 1 月 10 日，经塞耶推荐和马汉的请求，陆军部批准马汉出国到了巴黎，主要目的就是获取有关美国和平建设时期所需的工程技术方面的情报。在法国，马汉参观铁路建设、铸造厂，搜集了有关桥梁基础和建造方面的情报。

在他的请求下，他进入了法国的梅茨学校做旁听生，同时学习桥梁和公路两个重要学科的内容。为了吸收百家之长，他还到英国做了 6 周的参观旅行。在梅茨学习期间，他说："尽管陆军部没有给我下达其他任务，然而我自己却要在一年内完成两年的课程。"马汉还挤时间钻研了平版印刷技术，发现这种技术可廉价印刷大量教材和资料，在他回国时，为西点军校购买了一套完整的平版印刷设备。

当时的英国、法国显然在许多方面都要高出美国一筹。1830 年 3 月，马汉学成回国时，满脑袋装的都是战争理论和最新的科学技术知识。他认为，战争虽然是千变万化的，但有基地和交通线，必须根据地形决定战斗的打法；工兵在阵地战或运动战中的作用十分重要，在战争艺术教育中必须打下牢固的基础。要使符合逻辑的、合理的军事教育列入课程，并使这些课程与具体的科学的工程学相结合，难度是显而易见的。其主要问题是当时根本无现成的教材可供选用，马汉只能靠自己一刻不停地研究，撰写教材。

1832 年 1 月 1 日，马汉被任命为土木和军事工程学及战争艺术教授，有了稳固的学术地位，他即

刻开始出版自己的讲稿,使用的就是他从法国带回来的平版印刷设备。这些教材包括《论野战设防》《论永久设防》《论地雷及其他辅助器材》《论军兵种组成及战略》《土木工程学》和《论机械》等。马汉还开设军事历史内容方面的讲座课,组建了西点军校拿破仑俱乐部,吸引了一批狂热的军官和学员参加。

1837年,马汉正式出版了他的《土木工程学》,立即得到社会的承认,被称作是美国土木工程领域的最佳教科书,并获得普林斯顿大学和布朗大学授予的文学硕士学位。

19世纪40年代,马汉仍在孜孜不倦地讲学和著书立说。1874年出版了《前哨》,即《部队前卫、前哨、先遣支队、附属民兵、志愿军战略要则及战术要点》,概括了马汉有关这一课题的所有讲座的重点,充分体现了他的军事天才,其主要内容对今天的军队建设都有着积极的借鉴意义。在此书中,马汉提出了闪电战的理论,比德国人早了93年。

他认为,在任何时间和任何需要的地方都要有机动部队;这种机动部队在指挥员的频繁调动下,大踏步前进,大踏步后退,似乎是神兵天降。一位没有见过汽油机、飞机,对无线电、电视等通信设施一无所知的人,竟然有那些理论预想,真是难能可贵。

1853年,马汉出版了《工业制图》,成为19世纪后几十年美国技术教育的必读之物。南北战争开始后,马汉及时从前线搜集各种情况,以充实他的《论战争艺术》讲座;他的《前哨》一书被南北交战的双方军官采用,一版再版,供不应求。从双方参战人员看,南北战争几乎是一场西点军校毕业生之间的竞争,是在同一战略战术理论指导下的一场较量。

很多人可能更知道另一位马汉，即他的儿子艾尔科雷得·塞耶·马汉。小马汉出生在西点军校的教授家里，从小受到丹尼斯的影响，博览群书，16岁被送到美国安纳波利斯海军学校学习，以后成为美国历史学家、海军理论家和"海权论"的创立者。他的关于海军战略、海上作战及海上力量建设的理论，影响了美国国家的战略思想和几代海军的思想，成为美国海军的奠基人。

父子两个马汉，分别为美国的陆军和海军建设做出了杰出贡献。西点人将永远记住丹尼斯·哈特·马汉为学校教育和美国陆军军事理论立下的不朽功绩。

西点军校小白科

西点军校之所以闻名于世，除了它所具有的独一无二的军事管理水平以外，更在于它有规范的四年学制，而且非常强调军事训练以外的普通大学式的文化教育。

西点著名学子、美国第三十四任总统艾森豪威尔曾说："在工作中学习，在学习中进步，才能担当重任，而努力学习、刻苦训练是获得才能的唯一途径。"

第五课　独特的领导风格

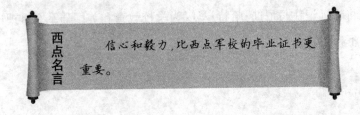

西点名言

信心和毅力，比西点军校的毕业证书更重要。

哈佛商学院常常被称为"资本主义的西点军校"，因为它输出了一批又一批的商业精英，就像西点军校为美国军界不断输送出色的军事指挥人才。

我们可能很少注意到，在美国商界，活跃这样一批人：他们取得了骄人的业绩，但他们并未在商学院接受正规的商业教育，令人惊异的是，他们都毕业于西点军校。

"所有学员请注意：5 分钟内集合，进行午间操练。请在野战夹克里面套上作战服。"现在是上午 11 点 55 分，天气寒冷。在哈得孙河的一个河湾的上空，北风呼啸。北风穿过西点平原，冲击着美国陆军军官学校的 6 层楼花岗石堡垒。

这是一座巨大的、历史悠久的城堡式建筑。乔治·华盛顿将军的塑像俯临阅兵场，艾森豪威尔、麦克阿瑟和塞耶的雕像挺立两侧。几座方正朴实的石头建筑是兵营，它们分别以布莱德雷、李和潘兴等名将命名。

"离午间操练的集合时间还有 4 分钟。"营房里的新生站立着，严阵以待，计算着离规定的餐前集合还有几分钟。在营房的过道，每隔 50 英尺就有钟，看时间很方便。

学员们迅速涌向营房之间铺着柏油的大操场。一年四季，他们每天都要至少两次集合操练。"站好队！"一声令下，一群松散的人顿时排成整齐的队形——每个方阵是一个排，4个排组成一个连，4个连编成一个营，而两个营编为一个团。"立正！"所有目光立即望向前方。

列队是西点的必修课。可以称之为点名的简单操练：从排长开始一级级向上汇报到队学员的数目。当然，列队的意义远不止于此。学员们以此种方式聚在这里，200多年来天天如此。更重要的是，列队暗示了无私是第一位的：这里，个人要服从更大的整体——服从部队。

解散令下，学员们开始列队前进。队列看上去是编排好的——士兵们分12列从各个方向整齐地快步走出操场。几分钟后操场上空无一人，数千学员消失无踪，操场上一片寂静。你也许会认为，这是一次极不可思议的操练，是一件奇特而美好的事情。

上述列队的情形相当生动地展现了这个地方的独特风格。

领导课程一：西点的领导风格

每年春天，西点有900人毕业，每人都被授予学士学位，并作为中尉在美国陆军中服役。经过6周的休整，他们被派往科索沃、德国和关岛等地。一到目的地，他们就担当起第一份军官职务。

单单这个事实就让人震惊：一个国家把在编部队的安全交付给了年仅21岁的年轻人！更不要说看管和部署大规模杀伤性武器、维持和平和应对偶发战事。相关事实是：一旦离开西点，绝大多数年轻人毫无疑问是胜任工作的。

从他们踏进校园的那一刻（每年7月初，上一年级之前）开始，学员就准备着承担责任，面对挑战，在压力下决

【名人这样说】

经营一个公司，尤其是新办一个企业，与一场战斗并无二致。炸弹在四周纷纷爆炸，市场和竞争在一刻不停地变化。你的股票价格正在下跌。面对冲突，你不得不保持镇静。

——马克·霍夫曼

【名人这样说】

> 我作为新生学到的第一课，是来自一位高年级学员冲着我的脸大声训导。他告诉我，只许有四种回答："是，长官"；"不，长官"；"我错了，长官"；"长官，我不明白"。他曾问我："你为什么不把鞋擦亮？"，我说，"哦，鞋脏了，我没时间擦"。他在各个方面关照我，总试着教我一些道理：如果你不得不带队上山，并在当晚给士兵的母亲写信，那就别找什么借口了。如果你不得不解雇公司的数千名员工，那也没什么借口。你本应预见到要发生的事，并寻找对策。
>
> ——詹姆斯·金姆塞，美国在线创业时的CEO。

策，并追求为他们确立的目标——不屈不挠、坚持不懈地追求。

美国陆军军官学校是座工厂，其产品是领导者。这些年来，它也许已成为全美最有效的领导力开发（Leadership development）学院。如果说哈佛商学院是"资本主义的西点"，那么，说到领导，西点才是正宗产地。

当然，这座领导工厂是向军队输送人才。作为对免费高等教育的回报，毕业生被要求至少在美国陆军服务5年。

此后，很多人则转入政府、教育等部门，尤其是进入商界——这是他们大展身手的地方。"这些人倒处可见，"杰夫·钱皮恩说，他是1972年西点毕业生，现为 Korn/Ferry 公司合伙人。这些人在亚马逊、美国在线、Commerce One、SciQuest 及许多其他成功企业身居要职。

为什么会这样？我们要了解西点的这一点：我们读到和听到的有关西点的一切基本属实——规章、结构、严格、服从。在这样一所学校，学生只需用一节课就能学会"机关枪是最好的朋友"。

但还需认识到另外一点：故事背后还有更深的道理。该校复杂而神秘的教育赖于一种引人入胜的张力。根据雅典和斯巴达来研究这种教育——西点的领导者就是这么考虑的。结构、刻板的常规训练、死记硬背——这就是斯巴达，并且它很重要。但西点也培养创造力和灵活性——而这是雅典。

在混乱的战场上（在商场也一样），领导者不能指望严格遵行一项既定计划。他们依靠下属可预见的能力（经由那种训练所灌输的），也依靠下属的独立判断力。军官接受命令，但如何完成任务完全靠他们自己。

1980届毕业生爱德华·拉格罗写了一本书:《义务第一:西点军校与美国领导者缔造》(哈泼科林斯,2001),他在书中说道:"西点发生的一切都围绕一个问题:如何发展组织,使它在不断变化的世界中兴旺发达?"戴维·萨特梅耶是西点四年级学生,现任"营长"(最高的学员级别之一)。

他说:"这是一个独特的世界,在这里,每个人都努力开发你,你不断观察别人,琢磨什么是卓有成效的。而大伙也不停地看着你。这样的处境始终推着你向前走。"自始至终,人人都在跟随,也几乎人人都在领导。每个人始终在被评估,每个行动都被视为学习的良机。

领导课程二:领导公式——知,行,成

斯科特·斯努克中尉说:"人们常说,江山易改,本性难移,但在这里却是例外。我们拥有一些这个国家最优秀、最聪明的可造之材,而且长达47个月。我们在晚上、周末和整个长长的夏季在改变他们。"他不是在吹牛,真的。他为这样的机会而感慨。斯努克1980年毕业于西点。

他说:"他们18岁时我们拥有了他们,这是一个关键时期。他们正准备改变。我们不但拥有他们,而且被授权去改造他们。国家要求我们去改造他们!"斯努克在宾夕法尼亚的农村长大,曾想当一名医生。他自己也很惊讶,自他成为军校学生始,他在陆军里已经待了21年。

他曾在格林纳达的一个团任执行官,在那里因一次意外走火而受伤。他在哈佛取得MBA和组织行为学博士学位,现在还经常回哈佛教授管理课程。

斯努克现在领导着西点军校的"政策、计划和分析办公室"。他的使命是从领导发展的角度审视军校业已陈旧的组织,并为一个植根于经验和惯性的体系寻找科学基础:为什么这么做事?什么才是有效的?怎样才有效?能否更有效?

第一份陆军领导手册写于25年前,

其中创造了"知、行、成"这一表述方法。它简洁概括了有效的领导者是如何工作的，但也是对领导力开发的一个重大挑战。"知"和"行"的能力在学生身上建立起来相对容易些，那是教育和训练的职能，也是大多数高校所擅长的。

但知识和技能总是有限的——既因为它们不能在所有时间都被应用，也因为它们还会过时。长期保存的恰恰是"成"这一部分——你的自我概念、你的价值观、你的道德品质、你是谁。那就是让斯努克费尽心机的问题：当一名军官意味着什么？西点军校如何才能让其4000名学员中的每一个形成"成"的部分？

斯努克确实喜爱这些内容。西点对其强制18岁青年成长的机制做了修改，也许这种修改是在不经意间完成的。学员通过面对道德上的含混，解决自身同一性方面的互相冲突的各种主张，从而获得进步。这就是如何获得"成"的部分。

斯努克表示："我们不知道这方面是否做得对。但是，如果热情百倍地投入的话，这种成长能通过经验来实现。底线是，使你改变的那类经历，往往是让你远离舒适的经历。"斯努克继续说："有时候，一个人遭受挫折，往往是改变这个人的自我概念的最好机会。"

这是一种思考个人发展的根本不同的思路。挫折可以是人一生中第一次考试没及格，也可以是违反了荣誉规定。一旦此种情况发生，他就为自我反思打开大门。

领导课程三：建立自信，教导谦卑

典型的西点学员是这样的：男性、白种人（尽管有15%的学生是女性，25%的学生是有色人种）、高中班上的尖子、运动员、中产阶级、来自美国中部。他上西点军校是因为这里不用交学费，而且在一定程度上是个爱国者。

当然，标准并非一成不变。任何一个 4000 人的团体都是由 4000 个独特的个体组成的。实际上，那些住在布莱德雷军营煤渣砖砌成的制式房间内的学员，看上去极为相似。他们说的差不多都一样。真该死！这就是交易的一部分：每个人都是团队的一员，没有一个人比团体的任务更重要。

斯努克问："为什么我们让这些孩子经受 4 年斯巴达式的教育？你住在冷冰冰的兵营，上午 9 点 30 分之前不能往垃圾桶里倒垃圾，水池必须始终干净、不堵塞。如此多的规定和规则，为什么？"

斯努克继续说："因为一旦毕业，你将被要求全无私心。在军队的这么多时间内，你将要吃苦，将在圣诞节远离家庭，将在泥地上睡觉。这份工作有许许多多的东西让你把自我利益放在次要地位——因此，必须习惯这样。"

这是学员学到的核心。他们既在课堂上听，也每天在四周亲眼看到这些。他们看到的伟大领导者在鼓舞和激励别人，因为他们关心自己的士兵，因为他们愿意亲自做任何他们要求别人做的事情。四年级学员兰迪·霍珀说，观察任何一位做成大事的领导人，关键是仆人精神。不做出牺牲，就没法领导。

霍珀，来自德州，22 岁，是布莱德雷兵营"C-2"连连长。西点共有 32 个这样的连，每个连约有 128 名学员，有各自的绰号（C-2 的意思是"空中飞人"）、激励口号（"来点刺激的！"）和文化。连是西点的核心组织单元，对实验性领导力开发而言，连也是关键。让我们看看连是怎样运作的。

新学员总是最底层。他们学习如何跟随——听从上级的命令，并按命令去做。二年级学员与 1～2 名组成一个小组，第一次担当军事领导者的角色，学习在互相信赖的基础上发展与其下属的亲密关系，并直接对新生的表现负责。

反过来，二年级学员向三年

【名人这样说】

　　西点军校是特别能打消傲气的地方。我来自一个小镇，在那里，我是优等生，而且还是一个运动队的头儿。我来到西点后发现，我的同学中 60% 是运动队的头儿，20% 是所在中学的尖子。今天你还是一个地方明星，明天你就只是数千强者中的微不足道的一个。

　　——戴夫·麦考梅克，1987 届毕业生，Free Markets 公司高级副总裁

级学员汇报，每个三年级学员负责由2～3名二年级学员和相应4～6名新生组成的班。三年级学员充当学生队伍的军士角色，他们必须实行间接领导。他们还对一年级学员负责，但必须通过二年级学员来指导行为，必须学会用以身作则来激励下属。

四年级学员掌管全局。开学前的夏季，他们负责新生和二年级学生的为期8周的训练。到了8月，他们在学员等级体系中担任军官的角色。排长向连长、参谋、旅长报告，而连长则服从营长的命令和管制。

人人都是领导，人人都被领导。每个人争当榜样，每个人都评估别人。学员对其下属的正式评价计入总成绩。克莉斯·凯恩是C-2连霍珀手下的一名排长，她说："每个人都是教师，那就是我喜欢这个地方的原因。我们都是教师。"在这个24小时运转的领导实验室里，学生们获得谦卑的品质。

作为领导者，若无跟随者，他们一无是处。乔·巴格里奥是四年级学员，同时也是C-2连的执行官。他说："一开始就必须明白，你站在领导岗位并不是因为你更聪明或更好。一旦你认为你什么都懂，你就完蛋了。"

他们还必须在重压下取得成绩。学员必须面对让人心惊胆战的大量功课、运动和军事活动。校方知道，在理论上有足够的时间来完成这些学业任务，他们已研究过这个问题。然而在实践上，学员学会了排定优先次序——什么得先做，什么可以稍稍放一下。

不仅如此，他们渐渐明白，在混乱之中，他们唯一能控制的是他们自己。凯恩说："火烧眉毛的时候，不用追问怎么去做，只管去做就行了。"

托尼·伯吉斯少校早已经历了所有这一切，其中有担忧，有困惑，也有自豪。伯吉斯是1990届毕业生，现在是C-2连专职战术官，他可能是该连128名学员成长中唯一最具影响力的人。用他的话说，他是学员们的"教师—教练—导师—督导—保护人"。

伯吉斯本人对做领导非常着迷。他的父母是传教士,童年在墨西哥度过。他是带着雄心壮志进入西点的。他说:"我本打算5年期满后就离开军队,在30岁成为商界大亨。我当时并不知道怎样实现这一切,但我要这么做。可是,在这条路的中途,我迷恋上了当领导。"

伯吉斯在步兵团服务了10年,他会告诉你,世上没有比指挥一个陆军连更好的工作了。他对此兴趣盎然,并开办了网站 Company Command.com,这个网虽不具权威性,但在圈内受到欢迎,吸引了众多访问者。

他和同学兼好友奈特·艾伦合写了同样题材的著作《执掌队旗:连队层次的杰出领导》,并发表在自己的网站上。

在管理学员时,伯吉斯散发出激越和热情的光芒。他和蔼可亲,言行谨慎,是朋友,又是老板。

他的成功靠的是维持一种微妙的平衡——引导学生做决策,而不是由他自己来做决策;给学生足够长的绳子,但知道何时收起绳子。他必须找到前进的机会,发现挫折。他必须随时准备施展影响力。

他认为,如果伯吉斯成功了——如果西点军校成功了——他的学员将作为"独当一面"(go-to)的人而崭露头角。他说,"你知道,他们会成功,他们做的将比我们所能想象的还要出色。"

领导课程四:西点军校的领导必修课

二战结束前,西点军校没有明确的领导教学。在此之前,该校主要是以工程学院而知名。领导才能能教授吗? 如何在课堂上教授判断或灵感呢?

踏上塞耶大楼的顶层,你将发现格雷格·达迪斯中校和四年级学生组成的小组在一起探讨经典领导理论,剖析摩根·麦克考和彼得·圣吉这样的一流思想家。如今的学员实际上已能将领导作为主修课。即使不能主修领导学,类似的教学也可以渗透到必修

课中。

到三年级,学员必须修一门叫作"军事领导"的课程。安排在三年级是有所考虑的,因为此时他们刚完成夏季实习。

在实习期间,他们在世界各地的军队中学习,常常临时替换正在任上的连长。在此之前,他们已在学员连中以团队领导的身份工作过。

这种课程的目标是反思已有的经验,并用理论来评价经验。在课程前期,学员被要求写出他们的领导哲学——这项作业要评分,迫使他们反思自己的才能和弱点。他们撰写反思性论文,根据切身经验来解释理论概念。

学员还要承担大量的案例研究。这些案例由西点教师撰写,绝大多数基于作战情景。学生还从事"在行动中学习"的项目——有些显然是非军事的。

如果斯努克来教授这门课,他会把学生带到西点军校的子弟小学。"我会说,'你们都认为自己是领导者吗?那好,你们将要领导课间休息的孩子们'。"任务是.制订一份计划,用于指导为时 7 分钟的操场活动。

学员最常见的反应是根据命令和控制来考虑方案:首先玩躲闪球游戏,然后荡秋千。"我将指导那里每个孩子的每个活动。"随后,他们观察教师是如何切实领导课间休息的。孩子们蜂拥到操场上时,场面一片混乱。

但随着命令的发布,孩子们基本上能将自己编成几个小组。能生效的准确命令不是事先就知道的——但某种将出现的命令形式却是完全可以预见的。

影响复杂无序系统的方法是确定起始条件。你来确立起始条件,划分左右边界,再加上少量的说明。教师在操场周围围上围栏,订 4~5 个规则。之后,他的工作就是按需行事。

　　同样，西点的领导层正在思考该校不同寻常的过去，并准备挑战未来。军校生存于危险边缘。要保持有效，它必须保留大量使其卓尔不凡的东西，但也必须持续不断地适应变化着的外部需求。

　　正如西点军校的宣言书中所坚称的，该校致力于生产这样的毕业生：他们将"毕生的无私服务献给国家"。

　　这一含糊的措辞引起一些人的担心，那些人相信，上述这种服务应绝对是军事的。但是，作为一个国家，我们在每一部门都缺乏伟大的领导者。我们可以责备西点人放弃了军事，但是，有什么好多虑的呢？商业已成为新的国防。服务于经济，无论是有私心还是没有私心的服务，都是在服务于国家。

西点军校小百科

　　"没有任何借口"是美国西点军校奉行的最重要的行为准则，是西点军校传授给每一位新生的第一个理念。它强化的是每一位学员想尽办法去完成任何一项任务，而不是为没有完成任务去寻找借口，哪怕看似合理的借口。其核心是敬业、责任、服从、诚实。这一理念是提升企业凝聚力、建设企业文化的最重要的准则。秉承这一理念，众多著名企业建立了自己杰出的团队。　本书正是对上述理念最完美的诠释。

第六课 西点军校名人榜——艾森豪威尔

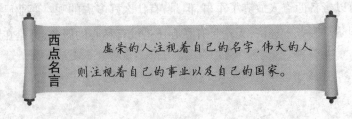

西点名言

虚荣的人注视着自己的名字,伟大的人则注视着自己的事业以及自己的国家。

走近人物

德怀特·戴维·艾森豪威尔(Dwight David Eisenhower,1890年10月14日至1969年3月28日,79岁)美国第三十四任总统(1953年1月20日至1957年1月20日,1957年1月20日至1961年1月20日),

陆军五星上将。在美军历史上,艾森豪威尔是一个充满戏剧性的传奇人物。他曾获得很多个第一:美军共授予10名五星上将,他晋升得"第一快";他出身"第一穷";他是美军统率最大战役行动的第一人;他是第一个担任北大西洋公约组织盟军最高统帅的人;他是美军退役高级将领担任哥伦比亚大学校长的第一人;他是美国唯一一个当上总统的五星上将。

个人履历

1911年考取美国海军学院，却因超龄而未被录取，后经该州参议员推荐，考入美国西点军校。

1915年从西点军校毕业并获得少尉军衔，赴得克萨斯州圣安东尼奥任职。

1916年晋升为少校。

1921年从陆军坦克学校毕业，创办美国陆军第一所战车训练营。

1922年调任驻巴拿马第二十步兵旅参谋。保送进入陆军指挥参谋学院受训。

1926年以全校第一名的成绩从陆军指挥参谋学院毕业。

1927年至1928年，艾森豪威尔在陆军军事学院深造。

1929年，艾森豪威尔赴陆军部助理部长办公室任职。

1933年，任陆军参谋长麦克阿瑟的助理。

1935年至1939年，担任菲律宾军事顾问麦克阿瑟的高级助理。

1936年，艾森豪威尔晋升为中校。

1939年年底回国，任美国西部军区司令部的后勤计划官。

1940年2月调到驻加利福尼亚的第十五步兵团任职，11月升任第三师参谋长。

1941年3月，升任第九军参谋长。6月出任第三集团军参谋长，晋升为准将。12月，艾森豪威尔被召回华盛顿，任战争计划处副处长，不久计划处升格为作战厅，又被任命为作战厅长，几星期后升为少将。

【担任欧洲战区总司令】

1942年5月，马歇尔命令艾森豪威尔前往英国做实地考察，在英国设立了一个美军指挥所，为日后实施计划提出建议。6月，他返回华盛顿提出考察报告《给欧洲战区司令的指令》之后，罗斯福总统接受马歇尔的意见，任命艾森豪威尔为驻伦敦的美军欧洲战区总司令。

【西点揭秘】

　　如果你没有选择的话，那么就勇敢地迎上去。

7月，艾森豪威尔晋升为中将。

　　1942年7月，鉴于北非英军及远东美军接连受挫和丘吉尔的极力支持，美英决定发动北非战役。8月，艾森豪威尔被任命为实施北非登陆的盟军最高司令。11月8日，艾森豪威尔率领美英联军10万人分三路在法属北非殖民地登陆。

　　1943年1月，美国总统罗斯福来到北非，检阅了登陆美军，并于14日至26日与英国首相丘吉尔举行了卡萨布兰卡会议。2月，获得了当时的最高军衔上将军衔，出任北非和地中海盟军总司令。

　　1944年9月1日，艾森豪威尔将司令部移驻法国，并从蒙哥马利手中正式接管地面部队的指挥权，组织指挥盟军攻占德国行动。第二次世界大战结束后，艾森豪威尔曾任美国驻德占领军司令。

　　1945年回国，任美国陆军参谋长。

　　1948年退役，任哥伦比亚大学校长。

　　1950年，在法国任北约武装部队最高司令。

　　1952年退出军界，参加总统竞选。

　　1953年任美国第三十四届总统。

　　1953年就职后，签订了《朝鲜停战协定》。

　　1956年获得连任。

　　1957年提出"艾森豪威尔主义"，企图控制中东地区。

　　1957年1月，艾森豪威尔在致国会的《对中东政策特别咨文》中提出，由国会授权总统在中东实行"军事援助和合作计划"，并可借口对付"共产主义侵略"，在中东地区使用美国武装部队；两年内额外拨款4亿美元向中东国家提供

【人物揭秘】

　　艾森豪威尔，1943年6月至8月指挥西西里战役。1943年11月德黑兰会议决定1944年开辟欧洲第二战场，艾森豪威尔在会后被任命为指挥"霸王"行动的盟军最高司令。1944年1月中旬，艾森豪威尔抵达伦敦，组建盟国远征军最高司令部。1944年6月至8月，组织"霸王"作战行动，指挥诺曼底战役。

经济"援助"。这个决议案于3月7日被美国国会通过。3月9日，艾森豪威尔签署了这个后来被称为"艾森豪威尔主义"的决议案。

1959年，随着国务卿杜勒斯的逝世，艾森豪威尔主义也黯然失色了。

1969年3月28日，艾森豪威尔在华盛顿病逝，终年79岁。

人物生平

德怀特·戴维·艾森豪威尔（Dwight David Eisenhower）1890年10月14日生于美国得克萨斯州丹尼森。他的父亲是制乳厂工人，有7个孩子，他排行第三。1915年毕业于西点军校，毕业时在班上排在第六十一名，只得到军士长的军衔。后在得克萨斯州圣安东尼第十九步兵师服役，少尉军衔。

1925年先后在参谋学校、陆军军事学院学习。1929年至1932年任陆军部部长特别助理。

1933年至1939年任参谋长麦克阿瑟的助手。1941年12月美国参加第二次世界大战后，在马歇尔手下任作战计划处处长，晋升为少将。1942年先后任欧洲战场美军司令、北非战场盟军司令，晋升为中将、上将。1944年任欧洲盟军最高司令，成功策划指挥了盟军开辟欧洲第二战场的诺曼底登陆战役，晋升为五星上将。1945年继乔治·马歇尔任陆军参谋长。

1948年2月退役，任哥伦比亚大学校长至1953年(但从1950年起一直缺席而担任北约司令)。

1952年作为共和党总统候选人参加竞选总统获胜，成为美国第三十

【艾森豪威尔主义】

20世纪50年代，针对"艾森豪威尔主义"，中国美术家朱宣咸创作的时政漫画作品《艾森豪威尔主义》《危险的货郎担》和《殖民主义者的新著——艾森豪威尔主义》等作品，反映了当时中国对"艾森豪威尔主义"的态度与剖析。

四任总统,1956年再次竞选获胜,蝉联总统。

1969年3月28日在华盛顿因心脏病去世。

艾森豪威尔的军旅生涯

艾森豪威尔的祖先是德国人,1732年移居美国。他的家族最初在宾夕法尼亚州居住,1878年自他祖父起,在堪萨斯州的阿比林定居。祖父是一个虔诚的传教士,每日除管理自家的农庄外,就是讲经传道。

艾森豪威尔的父亲性情懦弱,优柔寡断,事业上毫无成就。在上大学时和同学艾达·勒孔顿小姐结婚,毕业后经商破产,只身到得克萨斯州的丹尼森另谋出路。不久妻子带着两个儿子来这里与他团聚,一年后艾森豪威尔诞生在这里。后来全家又返回故乡阿比林。母亲的性格和父亲截然不同。她精明能干,对七个儿子管教很严,经常鼓励他们在艰苦的环境中发奋图强,后来兄弟七人,除老五夭折外,其余六人都在事业上取得了成就。老大阿瑟成了银行家,老二埃德加是位律师,老四罗伊是个药商,老六保罗当了工程师,老七密尔顿当了大学校长。艾森豪威尔排行第三,做了美国总统。他们都把自己的成就,归功于母亲的培育。

艾森豪威尔1890年10月14日生,小名艾克,这个名字用了一生。小时候,他顽皮好斗,不用功读书,衣着邋遢,而且对同学们的讥笑毫不在乎。放学后常出去打零工,或帮母亲干活。1904年他上中学以后,学习无大长进,但体育课的成绩非常突出,是学校足球队出色的中锋。由于球艺高超,他还当过一段时期的职业足球队员。在各门功课中,英语不错,历史最好。他长于记忆年代日期,对名人逸事尤有兴趣。同学们都以为他将来可能成为一个历史教师,谁也没想到他会成为一个军人。

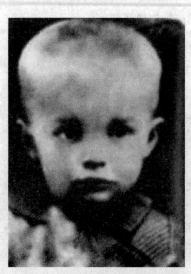

艾森豪威尔进入军界确实出于偶然。中学毕业后,他结识了一个叫黑兹利特的朋友,此人极力怂恿艾森豪威尔和他一起报考军校。艾森豪威尔认为军校是公费,又有机会踢足球,便欣然同意。1911年,

他同时报考了西点军校和安那波利斯海军学校,结果均被录取。由于他已超过海军学校的入学年龄,便进了西点军校。

西点军校是美国培养军事人才的摇篮,造就出不少著名将领。艾克这一届毕业生将星闪耀,168名毕业生中有56人晋升为将军,因此被称为"将星云集之班"。在西点的4年里,艾森豪威尔的学习成绩平平,操行成绩很坏,常常违反校规,受过几次记过处分。但他球艺超群,是西点足球队里最好的中锋。1915年西点毕业时,他年满25岁,是班上年龄最大的学生。毕业后被分配到得克萨斯州圣安东尼的第十九步兵师工作,少尉军衔。

他到职不久,在一次朋友的家庭宴会上,与玛米·杜德小姐相识。二人一见钟情,第二年便结了婚。她是一位富商的女儿,从小娇生惯养,不会操持家务,但性情温和,婚后努力适应军队里单调枯燥而又艰辛的生活。一年后他们生了一个男孩,3岁时因病死去。后来又生了约翰,这是他们唯一的孩子。

由于战争,许多同学都去法国参战,他却被留在国内从事训练工作,赴得克萨斯州圣安东尼奥任职。因成绩优异,又被保送到陆军作战大学深造。1928年毕业后,政府为了搜集整理美国在第一次世界大战中在欧洲的作战资料,成立了一个"战争纪念物调查委员会",委派他参加。他的任务是编辑一部"战地手册"。在编写过程中,他搜集了美国远征军在战略、战术以及军事调动方面的详细资料,半年后汇编成功,受到该委员会主席约翰·约瑟夫·潘兴将军的赏识。

1929年，艾森豪威尔被派到陆军部助理部长办公室工作。1933年2月调到陆军参谋长道格拉斯·麦克阿瑟手下，帮助起草文件、撰写报告。1935年麦克阿瑟到菲律宾任军事顾问，他充当其助手。艾森豪威尔为人随和，不似麦克阿瑟那样傲慢，常和菲律宾总统曼努埃尔·路易斯·奎松玩桥牌，二人关系很好。奎松表示愿意以高薪聘他在菲律宾担任要职，但他认为久留异乡，升迁无望，于1939年返回美国。

回国后，在陆军第三师任中校参谋长，1941年升为第九军上校，在一次重大军事演习中，他表现出色，指挥有方，受到了军界的注意。大演习后，调任第三军参谋长，并晋升为准将。

1941年12月7日，日本偷袭珍珠港美军基地。8日，美国对日本宣战。在珍珠港事件发生后第五天，马歇尔电召艾森豪威尔速回华盛顿。这固然与艾森豪威尔熟悉菲律宾和太平洋地区军事问题有关，但更主要的是他有丰富的参谋工作经验。他先任战争计划处副处长，不久计划处升格为作战厅，又被任命为作战厅长，几星期后便升为少将。这是他步入统帅部与马歇尔长期合作的开始。这时的艾森豪威尔，虽然还没有资格参加那些有关同盟国战略问题的高层会议，但他却能站在最高统帅的角度，代表美国利益来指导全球性的战略行动。艾森豪威尔注意到，当美国朝野的注意力都集中在太平洋战场的时候，罗斯福和马歇尔却把欧洲战场放在优先的地位。他赞同这种战略观点，在1942年3月就和作战厅的参谋们一起提出了

【人物履历】

1916年晋升为少校。1920年7月，艾森豪威尔的永久军衔为少校。1921年从陆军坦克学校毕业，他创办了美国陆军第一所战车训练营。1922年艾森豪威尔转到巴拿马运河区，在福克斯·康纳少将手下工作，帮助他处理公务。康纳将军经常给艾森豪威尔讲军史，与他讨论军事和国际问题，使艾森豪威尔对军事的兴趣大增。1925年，由于康纳的鼓励，他到参谋学校学习，于1926年以全校第一名的成绩毕业。

如何进行战争的基本设想：把大量美军集中在英国，而且拒绝将他们化整为零地用在任何周边性的攻击之中，在欧洲上空应获得空中优势，然后从英国渡过海峡，直指法国和德国。对这一基本设想，英国人虽然原则上同意，但在许多具体问题上存在着分歧意见。5月，马歇尔又命令艾森豪威尔前往英国做实地考察，并在英国设立了一个美军指挥所，为日后实施计划提出建议。6月，他返回华盛顿提出考察报告《给欧洲战区司令的指令》之后，罗斯福总统接受马歇尔的意见，已经任命艾森豪威尔为驻伦敦的美军欧洲战区总司令了。7月，艾森豪威尔晋升为中将。

艾森豪威尔的光辉战绩

　　1942年7月，鉴于北非英军及远东美军接连受挫和丘吉尔的极力支持，美英决定发动北非战役。8月，艾森豪威尔被任命为实施北非登陆的盟军最高司令。在这之前，他并未单独指挥过作战，然而他就任后的第一次重大使命却马到成功，英美联军在北非登陆进展顺利。这证明马歇尔慧眼独具，艾森豪威尔也因此名声大振。1942年11月8日，艾森豪威尔率领美英联军10万人分三路在法属北非殖民地登陆。在强大的空军掩护之下，分别占领了阿尔及尔、奥兰和摩洛哥的卡萨布兰卡。接着向西挺进，对退入突尼斯的德意联军形成东西夹击之势。1943年1月，美国总统罗斯福来到北非，检阅了登陆美军，并于14日至26日与英国首相丘吉尔举行了卡萨布兰卡会议。2月，艾森豪威尔获得了当时的最高军衔上将军衔，出任北非和地中海盟军总司令。艾森豪威尔曾不顾可

【军人政治家】
　　艾森豪威尔在指挥盟军进行北非、西西里岛和意大利作战中，在实现与盟国的合作中，都表现了卓越的军事、政治、外交才能，被誉为"军人政治家、外交家"。他坚定果断、宽宏大量，对部属充分信任。布鲁克、蒙哥马利等人曾看不起艾森豪威尔，甚至时而发出一些尖刻的批评，他仍然宽宏大量，努力使英美合作成为现实。

能产生的政治批评,决定承认正在北非的法国维希政府海军上将达尔朗为该地区的法国最高统帅,从而避免了阻力,加速了盟军在北非的进展。1942年年底,凯塞林隘道之战失利,他毫不动摇,及时采取措施,派巴顿将军接替了不称职的第二军军长费里登达。1943年3月下旬,美英联军在艾森豪威尔的指挥下,对突尼斯南部发动总攻。经过20余日的激战,将德意军队驱赶至突尼斯北部。4月20日决战开始,5月6日和7日两天,美英联军就突破敌人的防御,登上海岸,占领了突尼斯市。与此同时,在北部进攻的美军占领了比塞大。德意军队处于进退维谷的境地,他们无法撤退,于5月13日25万人全部投降。至此,在非洲的法西斯军队全部被肃清。

艾森豪威尔准备进攻西西里岛,并立即着手制订意大利战役的计划。他不顾参谋部成员的意见,认为首先必须让横在西西里和北非之间的班泰雷利亚岛上的驻军投降。6月上旬,约有300吨炸弹落在这个面积约为50平方公里的岛屿上,揭开了西西里岛战役的序幕。参加这次战役的有1000艘舰艇,登陆的人数是15万。为了可以靠近作战地点,艾森豪威尔于7月7日抵达马耳他。登陆战役的一切都已准备就绪,但天气突变,风大浪急,对海军、空军作战极为不利,许多参谋人员要求更改登陆日期。艾森豪威尔不为所动,坚持盟军按原计划行动。7月9日夜,蒙哥马利指挥的英国第八集团军和巴顿指挥的美国第七集团军开始登陆和空降。8月17日,盟军攻克墨西拿,占领全岛,西西里战役至此结束。盟军伤亡失踪约2.3万

人;德意军队伤亡3.2万人,13.5万人被俘,另有10万人撤退至意大利本土。

在1943年11月开始的德黑兰会议上,美国和英国再次明确表示1944年开辟欧洲第二战场的决心,苏联则希望尽快确定此次作战的盟军最高司令人选。艾森豪威尔在会后被任命为指挥"霸王"行动的盟军最高司令。

1944年1月中旬，艾森豪威尔抵达伦敦，组建盟国远征军最高司令部。经美英联合参谋长会议同意，艾森豪威尔任命特德为副司令，史密斯为参谋长，布莱德雷为美国地面部队司令，蒙哥马利为英国地面部队司令，拉姆齐为海军司令，利马洛里为空军司令。

　　按照艾森豪威尔设计的体制，上述军种司令担负着双重角色：一方面，军种司令是最高司令部成员，参与最高司令部制订计划的工作；另一方面，军种司令是整个军事行动中指挥具体作战的司令，拥有各自的司令部。为了获得诺曼底地区的制空权，艾森豪威尔将在英国的战术与战略空军完全置于其控制之下。

　　他把首批登陆部队由3个师增加到5个师，其他细节交由蒙哥马利和布莱德雷去负责处理，自己则去关心他认为更为重要的问题。艾森豪威尔意识到，制空权的问题是至关重要的，也是最困难的问题。他要求英国的空军应在他的控制之下进行诺曼底之战。这个决定遭到英国战略空军司令哈里斯的反对，这使一贯处事谨慎、态度和蔼的艾森豪威尔大动肝火，他于3月23日宣布："如果这个问题不能获得满意的解决，我将呈请辞职。"英国的参谋总长不得不同意把战略空军交由艾森豪威尔指挥。美国空军和其他有关国家的空军也都做了同样的安排。接着，他与法国人又达成了忍受损失的协议。这样，制空权的问题就被艾森豪威尔解决了。

　　早在1943年3月，盟军就在伦敦成立联合参谋机构，研究和拟制欧陆作战计划。艾森豪威尔在原有计划的基础上主持制定的"霸王"作战纲要

包括：在诺曼底海岸登陆并突破敌军的防御阵地；用两个集团军群实施宽大正面追击，重点是在左翼取得必需的港口，进逼德国边境并威胁鲁尔，右翼要同从南面进攻法国的兵力相连接；取得比利时、布列塔尼以及地中海的港口，以便沿着德国占领区的西界建立新的基地；按照两翼包围鲁尔的方式发动最后进攻，重点再次放在左翼，随后朝着当时决定的特定方向直接突入德国；攻击发起日定为1944年6月5日。

与此同时，集中于英国的盟军加紧进行以两栖登陆作战为重点的协同作战演练，相当数量的登陆艇、特种坦克等逐步装备部队；空军频繁出动，以重创德国空军，掌握制空权，孤立突击地带；情报部门通过"超级"和"魔术"破译机构获取德军情报，气象部门则密切注视气候变化；开始制造人工港和防波堤，敷设通过海峡的输油管道，采取军事欺骗措施，使德国最高统帅部判断失误。"霸王"行动实施前夕，盟军在英国共集中兵力38个师（287万），坦克5000余辆，舰艇9000余艘，飞机13000余架。处于防御地位的伦德施泰特的德军西线部队（辖隆美尔的B集团军群和布拉斯科维茨的G集团军群）共59个师；施佩勒的空军第三航空队和克兰克指挥的西线海军集群，力量明显薄弱。

令人费解的是，伦德施泰特和隆美尔颇受限制：无权向施佩勒或克兰

克下达命令；未经最高统帅部批准，无权调动任何装甲师；战斗行动地域及防守沿海地区的所有陆军部队管辖的范围，纵深不得超过20英里。此外，伦德施泰特、隆美尔和最高统帅部之间在防御计划方面也有较大分歧。6月4日，在盟军作战会议上，艾森豪威尔根据气候形势的变化，果断地决定将攻击发起日改为6月6日。1944年6月6日凌晨，"霸王"作战开始实施。联军的伞兵和空运部队首先开始在诺曼底着陆，接着是海空军进行炮击轰炸，6时30分，4000多

艘战舰载运的5个师12万人在海空军的火力掩护和特种坦克的引导下向诺曼底海滩发起冲击,到深夜就取得了初战胜利,登陆成功。滩头争夺战时期,盟军(蒙哥马利的第二十一集团军群,辖美国第一集团军和英国第二集团军)主要通过激战来巩固和扩大登陆场。7月,盟军在攻占瑟堡和冈城之后,登陆场扩大为正面宽100公里、纵深超过50公里的地带。7月25日至30日,美军的"眼镜蛇"战役实现了对德军防线的突破。8月1日,布莱德雷指挥的第十二集团军群(辖美国第一集团军和第三集团军)组成,随后,美军横扫布列塔尼。盟军挫败莫尔坦反攻后,发现可在法莱斯形成对德军的包围圈。艾森豪威尔命令实施围歼德军的作战。自8月8日起,盟军通过机动兵力从北、西、南对法莱斯形成包围态势。至20日,德军被俘5万,死亡1万。诺曼底战役至此结束,德军损失约40万人,盟军损失约21万人。8月25日,盟军解放巴黎。

1945年3月,艾森豪威尔与蒙哥马利就盟军主要突击方向发生分歧,蒙哥马利主张向柏林快速突击,先于苏军攻占柏林;艾森豪威尔则认为主要突击方向为莱比锡和德累斯顿(考虑到苏军距柏林远比盟军近,雅尔塔会议规定柏林处于苏占区,必须争取苏联参加对日作战),因而据此通知苏联协调行动。8月,盟军"铁砧—龙骑兵"作战开始。9月,实施"霸王"和"铁砧—龙骑兵"作战的盟军胜利会师。德弗斯的第六集团军群开始隶属艾森豪威尔。9月1日,艾森豪威尔将司令部移驻法国并从蒙哥马利手中正式接管地面部队的指挥权。在此前后,美军解放夏隆、兰斯、凡尔登等地,强渡马斯河,英军则解放亚眠、里尔和布鲁塞尔。艾森豪威尔决定盟军采取"宽大正面战略",使德军首尾不能相顾而加速崩溃。1944年12月16日,德军在阿登地区发动反攻(通称

【攻克柏林】

5月2日,苏军攻克柏林。德国代表到驻法国兰斯的盟军司令部洽降。5月7日和8日,德国代表在兰斯和柏林签署德国无条件投降书。艾森豪威尔战时的主要活动就是组织、协调并指挥盟军作战,而盟军联合作战上是这场大战的显著特点。艾森豪威尔以其良好的军人素质、丰富的理论知识、高超的指挥艺术而获得成功。

【晋升为五星上将】

1944年12月4日,艾森豪威尔命令阿登以北部队必须占领安特卫普,突破齐格菲防线,然后夺取鲁尔区;阿登以南部队必须突破齐格菲防线,然后夺取法兰克福。英军攻克安特卫普后,盟军在齐格菲防线前受阻。12日,艾森豪威尔晋升为五星上将。

突出部战役),企图攻占列日和安特卫普,迫使美英同意和谈。德军从圣维特地区出发,向西攻至美国第一集团军的南部。最后进抵马斯河畔的迪兰特。与此同时,德军实施"格赖夫计划"。组成能讲英语的连队,换穿美军制服,突入美军防区制造混乱。17日,艾森豪威尔对形势做出正确判断并采取相应措施。19日,艾森豪威尔召开作战会议,决定:北侧盟军先取守势,待机转入进攻;南侧盟军则应尽早向北进攻。南侧盟军于22日发动进攻,迫使德军由进攻转入防御;北侧盟军直到次年1月才发起进攻。1945年1月,盟军在乌法利兹会师,将德军赶过初始防线。在突出部战役中,盟军伤亡7.7万,德军伤亡12万。在突破齐格菲防线之后。盟军攻占萨尔,将德军赶过莱茵河,并抢占雷马根地区的鲁登道夫大桥,继而控制莱茵河东岸,对鲁尔实施两翼包围。4月18日,德国B集团军群(32万余人)投降。

他为人随和,没有将军架子,喜欢和士兵们在一起,对繁文缛节不以为然。战事间隙,常到前沿阵地看望部下,了解情况,帮助解决问题。士兵们说他是个"通情达理的上司",记者们称颂他为"平民将军"。德国投降后,他于1945年6月自欧洲飞回华盛顿,在机场受到数万人的热烈欢迎,他由机场直接到了白宫,接受杜鲁门总统授予的优异服务勋章。

艾森豪威尔的政界生涯

第二次世界大战结束后,艾森豪威尔曾任美国驻德占领军司令。1945年回国,接替马歇尔任美国陆军参谋长,主要忙于办理部队的复员事宜。但他认为当时的国际形势只是"武装休战",主张美国应继续保持庞大的军队,并普遍实行军训。1948年艾森豪威尔接受哥伦比亚大学的邀请,出任该校校长。一位职业军人出任大学校长,许多人感到惊异。就他本人而言,他不留在军界担任高职,而且回绝了许多大公司的高薪聘请,自有他更长远的打算。当时,艾森豪威尔的声望相当高,国内要求他出任总统的呼声强烈。1947年的一次民意测验表明,只要他本人愿意,两党都会提名他作为本党的总统候选人,艾森豪威尔考虑到自己在政界的根基不深,表示无意进入政界,可是拥护他的力量有增无减。支持他的这股势力是大有来头的。据美国一家杂志透露,洛克菲勒、摩根、杜邦和梅隆等大财团都看中了他,因为他战后发表的扩军备战、向外扩张的政策主张符合大财团的利益。最早出来推举他的是国际商用机器公司总经理汤姆斯·约翰·沃森。此人在美国财界很有影响,当过摩根保证信托公司的董事。支持他的还有洛克菲勒财团的首脑人物、大通银行董事长奥尔德里奇,以及公平人寿保险公司董事长帕金斯。沃森是哥伦比亚大学董事会董事,为了使艾森豪威尔有一个"文职"身份,他亲手导演了将军出任校长这幕戏。

艾森豪威尔一生与军人为伍,与教育界无缘。他只上过军校,没有进过正规大学。一些报刊讥讽他是哥伦比亚大学第一个"胸无点墨"的校长。他当时还兼有总统顾问的头衔,经常被召到华盛顿商讨国是,因此在学校的时间很少。教授们难得见到他,对此多有怨言。但他做校长完全是为"名义",并不领取学校的薪金,所以他对那些抱怨不以为意。不过,他依仗自己的社会地位和影响,为学校募集到不少钱。他喜欢到学校体育馆去看学生们的球赛,有时也去和他们玩两下,学生们都喜欢他,说"过去的校长都是道貌岸然的学者,不像艾克那样用我们的语言和我们谈话"。1948年秋季,他的大战回忆录《欧洲十字军》出版了,成为当年非小说类的畅销书。

1950年12月,杜鲁门任命他为北大西洋公约组织欧洲盟军统帅,艾森豪威尔又恢复了军职,向哥伦比亚大学"请长假"暂离,举家搬到法国居住。这样,他和学校的距离更远了。一位教授说:"艾森豪威尔对哥伦比亚大学的影响等于零,他在任期间,

【退出军界】

1948年是他一生中的转折点,他辞去了陆军参谋长职务,结束了近40年的军事生涯,接受哥伦比亚大学的邀请,出任该校校长。

学校实际上等于没有校长。"

艾森豪威尔在欧洲任职时，他的支持者们继续在国内制造舆论，用他们控制的报纸、电台等舆论工具，为他大力宣传。一些与国际金融有关系的资本家，特别是那些与西欧有密切联系的富豪，在拥护艾森豪威尔的运动中尤为活跃。随着大选年的来临，两党的竞争逐渐进入高潮。因为艾森豪威尔不属任何党派，成为两党争取的对象。他感到经过3年经营，时机已经成熟，遂于当年5月再次卸去军职，回国参加总统竞选活动。

当时国内的政治经济形势都不好，由于杜鲁门使美国陷入朝鲜战争，税收加重，生活费用高涨，战后的"经济繁荣"已不复存在，人民对政府不满，把希望寄托在共和党身上。在经过幕后几番密商之后，艾森豪威尔参加了共和党。同年7月，在共和党举行的全国代表大会上，被提名为总统候选人。

在激烈的竞选运动中，他的支持者利用老百姓崇拜英雄的心理，大力宣传他在第二次世界大战中的丰功伟绩。他向选民许下的停止朝鲜战争的诺言，对选民也具有很大的吸引力。所以尽管民主党总统候选人史蒂文森一再批评他没有政治经验，对国际形势缺乏"深远的理解"，不具备作为总统的智慧和能力，他仍然在大选中获胜，结束了民主党执政20年的局面。1956年，他连选连任，前后主持白宫共8年之久。

艾森豪威尔政府的特点之一是，政府的重要职位几乎都被垄断财团的代表人物占据。洛克菲勒基金会主席约翰·福斯特·杜勒斯当了国务卿，社邦通用汽车公司的总经理查尔斯·欧文·威尔逊、副总经理凯斯分别出任国防部长和副部长。威尔逊持有通用汽车公司200多万美元的股票，在参议院讨论他的任命时，发生了周折。议员问他如何处理国家和公司的关系时，他回答说："我认为对通用汽车公司有利的,对美国也有利,反之亦然。"后来这句话成了美国的一句"名言",常常被人引用,它赤裸裸地道出了政府和财团之间的紧密联系。在其他内阁部长中,除劳工部长是工会负责人外,其余也都由企业家担任,被戏称为八个百万富翁和一个管子工的内阁。等到劳工部长马丁·P.杜金辞职后,更是清一色的大企业主,甚至在白宫里面,资本家也占了主要地位。因此美国报纸把他的政府称之为"大企业家集团"。

艾森豪威尔执政以后,继续推行侵略扩张政策。在军事上,他停止了朝鲜战争,认为杜鲁门的"遏制"政策使美国力量过于分散,负担过重。主张把军事力量集中在美国附近地区,把主要打击力量放在核武器上,当美国"遭到打击"时,能对"侵略者进行大规模报复"。这种以核武器为威慑力量,对别国进行核讹诈的战略,就是大肆渲染的"大规模报复政策"。

他重视加强与西欧盟国的合作,加强了北大西洋公约组织的力量,主张建立强大的欧洲,联合对付苏联。在亚洲,他吸取美国陷入朝鲜战争的教训,积极推行拼凑军事集团的政策。在1954年一年之内,就先后和日本签订了《共同防御互助条约》,同英、法、澳大利亚和新西兰等国签署了《东南亚集体防务条约》,还和台湾国民党政府签订了《共同防御条约》。美国通过这些区域性条约加强了对这些地区的控制,减少了美国在海外的驻军和开支。在印度支那,越南抗法斗争胜利后,美国加紧扶植南越吴庭艳政权,积极插手老挝、柬埔寨的内政,用培植亲美势力、建立傀儡政府的办法,企图控制印度支那。对中东地区,他主张填补由于苏伊士运河危机英、法势力撤出而出现的"力量真空"。

1957年1月,艾森豪威尔在致国

会的《对中东政策特别咨文》中提出：美国要抢在苏联之前，填补"真空"。他说："如果失去中东，西欧将遇到危险，亚洲也将处于严重危险境地，对美国经济、政治前景将产生极为不利的影响。"他要求国会授予他可在中东使用武力的特权，两年内额外拨款4亿美元向中东国家提供经济"援助"。这个决议案于3月7日被美国国会通过。3月9日，艾森豪威尔签署了这个后来被称为"艾森豪威尔主义"的决议案。当时，正值英、法侵略埃及的第二次中东战争失败，美国企图利用这个计划，一面以武力威胁为手段，一面以经济援助为诱饵，用反共做幌子，进一步排挤英、法等国势力，以实现其独占中东的阴谋。后来，艾森豪威尔主义也被用于中东以外的地区。

【艾森豪威尔执政战略】

艾森豪威尔执政以后，继续推行侵略扩张政策。他根据20世纪50年代初社会主义阵营力量日益壮大，欧洲经济迅速恢复、发展以及美国霸主地位不断下降的新形势，提出实行"新面貌"的外交战略。

艾森豪威尔主义遭到中东各国人民的反对。埃及、叙利亚、沙特阿拉伯和约旦四国政府两度发表声明，拒绝接受艾森豪威尔主义。但是伊朗和伊拉克等国均获得了"美援"。从此，美国势力进一步挤进中东地区。

对中国，他继续推行杜鲁门政府的敌视政策，除和国民党政府缔结《共同防御条约》外，还企图制造"两个中国"、"一中一台"。20世纪50年代后期，美国发生了较严重的经济危机，国力进一步衰落。艾森豪威尔提出了"和平取胜"的新战略，主张从政治、经济、文化等方面向苏联、东欧进行渗透，促其"和平演变"，以和平方法"战胜"共产主义。1959年他邀请赫鲁晓夫访问美国，举行了戴维营会谈，开始了美苏既争夺又想搞缓和的新局面。赫鲁晓夫也邀他访苏，后由于美国U-2间谍飞机侵犯苏联领空被击落而取消了对他的邀请。

在内政方面，艾森豪威尔主要抓了平衡预算和减少对农产品的补贴以解决农产品过剩问题。因为这种补贴使农场主不怕亏损，促使他们扩大生产，造成了农产品的过剩。他花了3年时间实现了预算平衡，但由于日益增长的军费和援外费用，最后又出现了赤字。大农场主反对政府取消对农业的补贴,并对国会施加影响,要议员对政府的动议不予支持。在种族问题上,他对学校的种族歧视等问题采取过一些行动,还成立了专门机构研究种族歧视问题,但遭到南方种族主义者极大反对,致使问题拖而不决。1957年爆发了小石城事件,他派兵平息了这场骚乱,引起了人民的不满。

在工作作风上,他仍带有不少军人特色,如要助手把送来的文件压缩在一页纸上;与别人谈话时喜欢直来直去。他只抓重大决策,把许多具体事情交给他信任的助手处理。他把他们称

为"我的参谋长",因此有人批评他把军队的参谋制度搬到了白宫。在外交事务上,他主要依靠杜勒斯。杜勒斯为人苛刻、冷酷,但谙熟外交、工作努力、能力强,很受总统的信任,其反共反华的反动主张对艾森豪威尔有很大影响。

他任内生过两次大病。1955年夏天,他在岳母家度假,白天打了一天高尔夫球,晚上心脏病发作,被送到医院,做了手术。1957年又得了一次中风,但很快痊愈。

艾森豪威尔生平逸事

画一个十字,分成4个象限,分别是重要紧急的、重要不紧急的、不重要紧急的、不重要不紧急的,把自己要做的事都放进去,然后先做重要而紧急那一象限中的事,这样一来,艾森豪威尔的工作生活效率大大提高。此事成为美国成功学家们所津津乐道的美谈。

战后美国第二任总统艾森豪威尔继续推行敌视和遏制新中国的政策,

支持和控制台湾,阻止新中国解放台湾,由此引发了两次台海危机,加剧了远东的紧张局势,进一步恶化了中美关系,使中美关系长期处于敌对状态。也正是由于美国的干涉,使台湾问题变得更加复杂化,台湾问题至今仍是中美关系的症结所在。

每当美国总统艾森豪威尔即将执行一个计划时,他总会把那个计划拿给他的最善于吹毛求疵的批评家去审查。他的批评家们常常会将他的计划指责得一无是处,并且告诉他该计划为什么不可行。有人问他为什么要浪费时间将计划给一群批评家们看,而不把计划拿给那些赞同他的观点的谋士看。艾森豪威尔则回答说:因为我的批评家们会帮助我找到计划中的致命弱点,这样,我就可以把它们纠正过来。

艾森豪威尔在二战中有过一段鲜为人知的罗曼史,与性感美丽的女部下一起朝夕相处恋爱了4年。她给他开车、当秘书,他送她巧克力并共赴家庭晚宴。这位女部下名叫凯·萨默斯比·摩根,是一名个子高挑、身材匀称的黑发姑娘,有着明亮的眼睛和满不在乎的神情,在认识艾森豪威尔

之前有过一段婚姻。1941年5月，她所在的英军汽车运输队被分配为美军高级军官提供开车服务。

当凯初次奉命驾车去车站接艾森豪威尔时，别的女司机已经把好差事都抢走了。负责分配运输任务的中尉军官抱歉地对她说："凯，我希望你不要

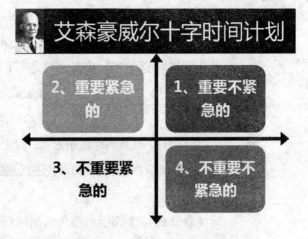

艾森豪威尔十字时间计划

2、重要紧急的

1、重要不紧急的

3、不重要紧急的

4、不重要不紧急的

介意,这位艾森豪威尔将军是剩下的最后一人了。"分配任务的军官知道凯希望接一位地位显赫的将领,而不是一个名不见经传的少将。但事已至此,凯只好做了个鬼脸,说:"好吧!"一个春光明媚的早晨,将军们终于抵达了。大使馆的汽车排列在穿军装的人群中,司机们等待着各自主顾的出现,她们等待着。时过中午,凯饿极了,便偷偷地溜出去吃了一个汉堡包。当她心满意足地闲逛回来,看见大使馆的其他汽车都已开走时,不禁大吃一惊。路旁只剩下一辆孤零零的军用"帕卡德"汽车,两个美国军官站在旁边等候着。凯知道自己犯了错误,跑过去抱歉地说:"请问……请问哪位是艾森豪威尔将军? 我是他的司机,先生。"

"我们去克拉里奇斯旅馆,请开车吧!"艾森豪威尔微笑着说。从此,凯与这位美国将军结下不解之缘。在第二次世界大战期间,凯作为艾森豪威尔的私人秘书,始终与他工作、战斗在一起。

第二天早晨9点钟,凯在克拉里奇旅馆门口接两位将军,夜里又把他们送回来,接连几天情况大同小异。有一天,凯送艾森豪威尔去多佛视察。一路上,艾森豪威尔饶有兴趣地听着凯的家庭故事,她的母亲、姐姐都在不列颠之战中做了不少工作。话题一下子打开了,艾森豪威尔邀请凯共进了午餐。这是凯第一次面对面地看着艾森豪威尔,二人只有一桌之隔。席间,艾森豪威尔给凯讲了许多过去军队里的故事,二人说说笑笑,那几个

小时里,战争似乎不存在了。艾森豪威尔问凯:"你还记得我们第一次面对面的情景吗?"凯愉快地回答:"永远也忘不了,那已经刻在记忆中。"饭后,艾森豪威尔将军说:"凯,带我去观光一下好吗?我想看点军事设施以外的英国风光。"第二天早晨,凯送艾森豪威尔到机场,艾森豪威尔跟她握手,并从车里拿出一个篮子。"凯,这是给你的。"

"巧克力!"凯高兴地跳了起来。对于当时还实行配给制的英国来说,糖果是非常珍贵的礼物。"如果我还回到这里来,希望你再来给我开车。"凯答应了。

艾森豪威尔将军走后,凯失落地回到汽车队。没过几天,她被分配给另一位两星将军——美国第八航空队司令官卡尔·安德鲁·斯帕茨开车。一个月后,斯帕茨让她开车去机场。飞机的舱门打开时,乐队奏乐,艾森豪威尔走下舷梯。艾森豪威尔一落地就对斯帕茨说:"你怎么把凯藏到你们航空队里?"

"那么,你要把凯从我这里带走了?"斯帕茨急了,"她是唯一熟悉道路的司机。"

"再说吧!"艾森豪威尔又转向凯说:

"凯,我从美国给你带了点水果,你来拿吧。"不到两天,凯又回到艾森豪威尔将军身边开车了。有一次,艾森豪威尔说:"凯,我听到你母亲的这么多事,我真想见见她,你为什么不找一个晚上请她来同我们一起吃饭呢?"宴会后,凯似乎觉得艾森豪威尔成了她家的一员了。此后,他俩经常在一起打桥牌、散步、打羽毛球。凯的工作也已经不仅仅是开车,还要兼顾秘书等职。一天早晨,凯去艾森豪威尔办公室请示工作,艾森豪威尔笑道:"你想做新军装吗?我看你可以做两套。"

"我只想要一套,谢谢你!"

"你不知道,我是多么希望为你做点事。"艾森豪威尔的话带有一种难以捉摸的意味。但凯仍旧坚持拒绝着。实在拗不过,艾森豪威尔只得说:"我想告诉你,明天早晨裁缝来别墅,首先给你量衣服。"

"哦,我不想量了,我现在的衣服完全够穿,谢谢您!"凯还在坚持。艾森豪威尔的脸色突然变得通红,血管快要爆裂,他咆哮着:"该死,你难道不知道,我想你都想疯了?"感情终于爆发了,他们紧紧拥抱在一起。凯心慌意乱地从艾森豪威尔办公室出来时,心里怦怦直跳。她多么想站在办公室里大声宣布:"大家听着,我们相爱了,我和艾森豪威尔相爱了!"

凯和艾森豪威尔在一起的日子是幸福的。艾克甚至想离婚娶凯,陆军参谋长马歇尔将军闻听后大发雷霆,扬言要把艾克开除出军队,艾克屈服了。但随着二战的结束,二人生活有了变化。因为在战争中立了功,艾森豪威尔常常在世界各地飞来飞去,去接受各种各样的勋章。

一次,凯在法兰克福等着艾森豪威尔从纽约回来,却等到了他生病的消息,而且病得很重。随后,上级来了通知:"将军手下的人员要在10天内前往华盛顿。"而预定前往华盛顿的人员名单中并没有凯。几天后,凯接到艾森豪威尔的一封来信后,希望彻底破灭了。信中说,已不可能把她作为私人班子里的成员了。信上的手书附言说,他卧病在床,经常服药。最后写道:望你珍重,保持乐观。

无奈的凯独自生活了两年。有一天,她在报纸上看到,艾森豪威尔将军被任命为哥伦比亚大学校长,于是决定去哥伦比亚大学找他。凯的出现并未让艾森豪威尔感到惊喜,他反而说:"凯,这不可能了,我毫无办法!"

那次见面以后,凯理智地决定从此再不与艾森豪威尔见面。后来,她同雷金纳德·摩根结婚,并写信告诉了艾森豪威尔。他回了一封非常美好的祝贺信。她母亲去世时她又给他写了一封信,但没有回信。不久,艾森豪威尔当上了美国总统。

纪念艾森豪威尔

1960年,根据1951年2月批准生效的宪法修正案第二十三条关于总统只连任一届的规定,艾森豪威尔宣布不再竞选总统。离开白宫后,他搬到葛底斯堡农场,除参加一些社交活动外,集中主要精力撰写回忆录。他的独子约翰帮助他处理具体出版事宜。艾森豪威尔的回忆录出版后十分畅销。由于他不是专业作家,免收所得税,所以发了一笔财,成了百万富翁。

1965年他心脏病复发过一次,此后身体明显衰弱,经常住院休养,很少公开露面,但声望未减。在1968年年底的一次民意测验中,他仍被列为美国最受敬慕的人物之一。

1969年3月28日,78岁的艾森豪威尔心脏病再度发作,抢救无效去世。他的传记记者写了个标题"落地的麦子不死",遗体被运到首都华盛顿供人瞻仰。有87个国家的总统、首相、特使前去参加葬礼。4月2日安葬于故乡阿比林城。他的临终遗言是:"我始终爱我的大人,我始终爱我的儿子,我始终爱我的孙儿,我始终爱我的祖国。"主要著作有《远征欧陆》《白宫岁月》和《艾森豪威尔的战争经历》。

艾森豪威尔是二次世界大战中北非和欧洲战区的重要指挥者,对扫除法西斯非洲军团、开辟欧洲第二战场、战胜纳粹德国贡献了巨大力量。他一生获得的军事荣誉有:

【二十二条军规】

军规一:无条件执行。

服从即遵照指示做事,学不会服从即学不会管理。一个优秀的军人在需要发表意见的时候,应该坦而言之,尽其所能;但当上司决定了什么事情之后就要坚决服从,努力执行;对上司不要有任何猜疑。

陆军服役优异勋装（Army Distinguished Service Medal with four oak leaf clusters）

军团优异勋章（Legion of Merit）

巴西南十字勋章（Order of the Southern Cross）

最高荣誉巴斯勋位（Order of the Bath）

功绩勋章（英联邦）（Order of Merit）

法国荣誉军团勋章（National Order of the Legion of Honour）

艾森豪威尔是个戎马半生、战功卓著的美国总统。现代战争需要各方面的知识和人才，要使各方面的作用充分发挥，而不互相摩擦、自我消耗，就要有人从中协调。艾森豪威尔在具体战役指挥上可能不如巴顿、蒙哥马利，但在协调各方面关系上极具才能。他以坚定、镇静而又平等待人的态度赢得了广泛的信赖和支持。

他还善于发现人才，所以，蒙哥马利、巴顿、范佛里特等一大批名将，都能为他所用。

虽然艾森豪威尔担任总统时支持度不高，自20世纪80年代迄今，艾森豪威尔的历史评价逐渐升高，他经常被评选为美国最好的总统前10名。

二战时期的伟大英雄 ——艾森豪威尔

他不是一个人在战斗，因为他身后簇拥着千千万万的盟军士兵；他又是一个人在战斗，因为是他下定了诺曼底登陆的决心，从而开启了二战最终胜利的大门。他就是美国的五星上将，也是美国第三十四届总统——艾森豪威尔。

"艾森豪威尔造就了战争，战

争造就了艾森豪威尔。"正如，美国《时代》杂志对艾森豪威尔的评价一样，艾森豪威尔在二战中发挥了自己全能的才华，也正是残酷的二战，将他推向了历史的前沿。可谓时势造英雄。而真正的英雄也适时地出现在了历史的舞台上，就像艾森豪威尔一样，他在全世界人民的祈祷与祝福声中，做到了历史所交付于他的责任，勇猛地把全世界人民拯救出了法西斯的魔爪，而且干得漂亮、干得极其出色。

也许，注定要创造历史的人，也就注定了先要饱尝常人所难以想象的失落与愤懑。就如当年苏东坡，在郁郁不得志中挥洒出了赤壁的绝唱。就如在30年韶光已逝，徒留下点点功名；在八千里路追寻云和月后，才感叹"白了少年头"的岳飞，他们都创造了历史，而他们也曾壮志难酬。

我不敢说，美国短短几百年的历史能够与中华民族五千年的文化有多么大的相同。但我可以说，美国也一定拥有属于他们美利坚民族的英雄，而他们也一定或多或少地失落与愤懑过。而二战的英雄，被世界人民亲切地称呼为"艾克"的艾森豪威尔将军，就在无限辉煌的前沿不可避免地进入了长时间的低谷。

一个世界、一个国家，在不断进步的历史阶段中，都需要一个又一个的英雄，而艾森豪威尔注定属于二战。而一战，则把光环戴在了麦克阿瑟等人的头上，尽管他们也许并没有艾森豪威尔的才华，但他们得到了历史的眷顾。那段时间，却把辉煌前的无限悲伤留给了艾森豪威尔。

　　自从一战的枪声打响开始，艾森豪威尔就不断要求上前线，哪怕只做一个普通的士兵，他也心满意足。尽管在西点军校中锻炼出了强健的体魄，甚至被同学戏称是一个能够"只身横渡英吉利海峡，并且飞速上岸与敌人展开短兵相接的血刃战"的天才军人，但艾森豪威尔却始终只被军队高层视为一个能力不错的参谋；尽管军衔不断在上升，从少尉到了中校，但艾森豪威尔却很不快乐。他希望能够为了祖国而去冲锋陷阵，宁可没有一点军衔和荣誉，只求痛痛快快地干一仗。

　　平日里，艾森豪威尔在完美出色地完成上级所指示的任务后，多次提出要求参加战争，保家卫国，但每次都是无功而返。为此艾森豪威尔在给妻子玛米的信中无奈地说："现在诸事顺利，但我参战梦却遥遥无期，我真不希望连一战的枪声也没有听到，就结束了这场战争！"但是，越害怕的事情就越会发生，正当艾森豪威尔的工作得到上级的高度肯定，并且批准他能够在1918年11月18日启程去法国指挥一支装甲师，他以为自己的参战梦即将实现的时候，德国却很快挺不住了，在11月11日就签订了停战协议。这令艾森豪威尔非常沮丧，他无法相信参战的梦想就这样化为泡影。当别人为了赢得战争胜利而欢欣鼓舞时；当好大喜功的麦克阿瑟得意地出现在电视里时；当年轻人把麦克阿瑟视为英雄的时候，艾森豪威尔却面无表情地坐在庆功会的角落里，目光呆滞地看着宴会的吊灯，他后半生都

在试图解释为什么没有上战场，为什么没有听到一战的枪声。那段时间，艾森豪威尔活得一点都不快乐，但是就是这样的低潮，也许就预示着未来的迥异，艾森豪威尔的力量即将喷薄而出！

所谓他"新",因为他原本只是毫无大战经验,犹如"愣头青"一样,但实际上他是已经年过不惑,一心只想上前线的战士。所谓他是"星",因为他确实就犹如一颗启明星一般,照耀着饱受法西斯蹂躏的人民走向光明。

经过了一战的失望经历之后,艾森豪威尔成熟了很多,对事情总是以一颗平常心去对待,但他热忱的报国心和强烈的参战欲,却没有消退一丝一毫。

终于,艾森豪威尔被分配到军中,终于如愿以偿,他终于可以在二战的枪炮声中冲锋陷阵了!

历史的大门终于缓缓地向艾森豪威尔敞开了,在一战中失落无比的艾森豪威尔,终于在二战愈演愈烈的时刻,看到了功成名就的希望。

西点军校小百科

西点军校四年级学员手册《军号备忘录》里写道:要培养学员不找借口的习惯。在军队中绝不允许为失败寻找任何借口。客观环境造成的原因可以用来进行解释,并提交上来,但是即使这样的解释被接受了,也永远不能被当作借口。任何工作首先要求的就是认真负责的态度,找借口就是一种逃避责任的表现。总是为失败找借口,永远都不会成功。成功属于那些善于找方法的人,而不是善于找借口的人。只有主动寻找方法,才能尽快解决问题,才能迈向成功。

后 记

　　本丛书是根据世界著名大学文化教育长期思考研究编辑而成，它代表着我的一份独立思考，更代表着我的一份紧张和不安。

　　我知道书是写给别人看的，且不说怎样去影响别人、打动别人，起码得让人饶有兴致地读下去吧。我试图从新的视角，新的写作方式，尽可能全面准确地把握写作主题，让读者从世界著名的 20 所高等学府中获取知识，从而提高自身的文化素质，学习思考问题和学术研究的新方法。在文化交流中，读者能够从本丛书中了解到世界著名大学的文化教育思想，同时可以学习借鉴这些大学教育经验的有效做法和成功经验。我知道，想到了未必能做到，更未必能做得好。这是个大问题，就算不能够起到抛砖引玉的效果、但是在编写过程中我还是做了大胆的尝试，希望读者们可以在阅读的过程中有所收获，有所启发。

　　本着这样的想法和初衷，经过长期的准备和编写，书稿业已完成。大学是人才荟萃、知识丰富和精神自由的地方，在大学里，每个大学生的人生都会因为环境而发生重大的转折和改变，这也是人生获取能量、积累资源最重要的时期。因此，大学生在校期间应该兼收并蓄，广泛寻求与老师、同学、校友之间的互动交流机会，从而既可获得一面立体的"镜子"，清晰地认清自己，又能获得各类精神营养的滋润，让自己拥有领袖的气质。

　　大学是未来领袖的摇篮，是天才的渊薮，也是一个人在走向社会之前的自我磨练的地方。在这样一个思想极度开放自由的地方，作为大学生必然会遇到各种各样的问题。在这套丛书中，我们不仅介绍各所世界名校的

发展历程、研究成果,同时我们还介绍了这些高等学府的知名校友,青少年在阅读时会从那些名人的生平事迹中有所感悟,从而影响青少年读者的人生价值观。我始终认为大学教育是一个人在成才过程中必不可少的教育阶段,在这一时期,大学生们必须要有自我发展的意识,而"未来领袖摇篮"丛书正好符合了青少年在这方面的需求。

大学有着深厚的文化积淀,其功能是培养符合社会需要的人才。尽管大学中的教学活动都是围绕专业知识的传授和学习展开的,实际上,一批又一批的青年学子始终是在学校中各种"潜在课程"、"无形学院"的培养、熏陶和影响下成长的。学知识与学做人,始终是摆在大学生面前的两件同等重要的任务。大学教育的本质在于人的教育。

高等教育的最重要目标并不是为了培养出多少具有先进知识的人才,而是在于培养具有高等素质的复合型人才。换句话说,在学生的专业知识与人格得到全面发展的同时,大学作为培养"未来领袖的摇篮"肩负着责无旁贷的重任。